JN057028

「情報公開法改正」「公文書管理」の論点整理ハンドブック

三宅 弘

Single Cut Publishing House

「情報公開法改正」「公文書管理」の論点整理ハンドブック

はじめに　――情報公開とともに四〇年――

かつて「情報（公開）は民主主義の通貨」（ラルフ・ネーダー）として、情報公開法制定が求められました。最近の森友問題の公文書改竄や「桜を見る会」招待者名簿の一年未満廃棄をみるにつけ、「公文書管理は民主主義の基盤である」ことを強調しなければなりません。

本書は、知る権利の展開と課題を軸として、特に公文書管理制度の確立と情報公開法の改正について、森友問題や「桜を見る会」にまで論及した最近の講演二つから、行政情報や歴史公文書の主権者である市民に対し、情報公開と歩んだ四〇年をふり返り、制度化の歴史をふまえて、わかりやすく論じたものです。

これによって、国と自治体における公文書管理の整備と、さらに裁判官が裁判官室で（インカメラ）非公開文書を見分して非公開処分の是非を判断するインカメラ審理の採用を含む、情報公開法の改正を求めます。

三宅　弘

〈目次〉

【講演】Ⅰ（東大法曹会「無観客」講演）

知る権利の展開と課題 ――レペタ事件から公文書管理、裁判記録保存まで ……………… 7

■ 原子力情報の公開と知る権利の確立を求めて
■ 情報公開条例に基づく情報公開訴訟から情報公開法制定へ
■ レペタ事件から知る権利の確立を求めて
■ 情報公開法に知る権利という言葉が用いられなかった経緯
■ 公文書管理法の制定から行政文書管理ガイドライン改正まで
■ 「桜を見る会」招待者名簿の不当廃棄
■ 裁判記録保存と閣議議事録等の作成・公表
■ 民事裁判記録保存
■ 憲法政策としての情報公開法の解釈適用と法改正

【講演】Ⅱ（知る権利ネットワーク関西 情報公開活動30周年記念講演）

公文書管理は民主主義の基盤 ――森友問題から「桜を見る会」まで ……………… 37

第一章 原子力情報の公開から「情報公開法を作ろう運動」まで
　法律家としての原点―国民の「知る権利」の保護を目指す
第二章 情報公開条例を参考に情報公開法を制定
　地方自治体での情報公開法の動きと重要な判決
　情報公開法の立法に携わる
　情報公開法のポイント―「組織共用文書」

第三章　公文書管理法の制定
自民党政権下で検討された公文書管理法
公文書管理法のポイント－「経緯」「保存期間」－と森友学園問題
公文書管理法の残された課題
第四章　実現しなかった情報公開法改正法案と特定秘密保護の動き
民主党政権下で情報公開法の改正に取り組む
自公政権で浮上した特定秘密保護の動き
もう一度、情報公開法改正の議論を
第五章　防衛・外交分野での情報公開・公文書管理の取り組み
防衛分野での情報公開・公文書管理の取り組み
外交分野での情報公開・公文書管理の取り組み
第六章　今後の情報公開・公文書管理に向けた提言
重要な文書を残しておくために取り組んできたこと
公文書管理庁を設置し根本改革へ
日本の監視社会化を進める動きを阻止しよう
◆参考――〈本講演のためのレジュメ〉……95
公文書管理法の意義・課題と公文書管理条例への提言……109
1　情報公開法の残された課題の達成
2　公文書管理法の意義とモデル条例案への提言
3　公文書管理法の残された課題とモデル条例案への反映
4　そもそも行政手続条例型か情報公開条例型か

公文書等の管理に関する条例案（モデル条例案）…………………… 119
第一章　総則（第一条―第三条）
第二章　行政文書の管理
第一節　文書の作成（第四条）第二節　行政文書の整理等（第五条―第十条）
第三章　法人文書の管理（第十一条―第十三条）
第四章　歴史公文書等の保存、利用等（第十四条―第二十五条）
第五章　公文書管理委員会（第二十六条―第二十八条）
第六章　雑則（第二十九条―第三十一条）
附則
「情報公開制度の改正の方向性について」に関する論点整理（三訂版）………… 143
第1　目的の改正
第2　開示・不開示の範囲等に関する改正
第3　開示請求から実施までの手続に関する改正
第4　審査会への諮問等に関する改正
第5　情報公開訴訟に関する改正
第6　適用対象の範囲等に関する改正
第7　行政機関の保有する情報の公開に関する法律等の所管に関する改正
第8　情報公開条例の扱い（行政機関情報公開法《新設》）
【資料】行政機関の保有する情報の公開に関する法律等の一部を改正する法律案　新旧対照条文（抜粋）………… 207

【講演】Ⅰ（東大法曹会「無観客」講演）

知る権利の展開と課題

――レペタ事件から公文書管理、裁判記録保存まで――

■原子力情報の公開と知る権利の確立を求めて

本講演では、日本の情報公開法制における知る権利の展開と課題を軸として、レペタ事件をはじめとして日本の情報法制にかかわった三十九年をふり返り、「この国のかたち」として議論された行政改革と司法制度改革の流れにおける、公文書管理、裁判記録保存までの喫緊の課題までをお話ししたいと存じます。新型コロナ感染症のため講演会は中止となり、いわば「無観客講演」となりましたので、本来ならば報告用レジュメをもってご説明すべきところは後注として補充させていただきます。東大法曹会での講演ということで、ここでは、さらに大学生の時にたち返り、話を始めます。

一九七二年に文科Ⅰ類入学ですが、大学は法学部でも政治学を専攻し、京極純一教授のゼミでは「大飯原子力発電所の設置にかかわる町長選挙と町民アンケート調査における大飯町民の意識の変化」を数量政治学で分析しました。郷里である福井小浜は、敦賀、美浜、大飯、高浜という原発銀座の中にありました。調査から、若狭湾の半島の先端から関西に送電される塔の根元に地役権が設定されていることを知り、法律を問題分析の道具として使いこなし、解決にあたる気配を感じました。

その頃、大学闘争後の一九七二年秋学期に授業を再開した折原浩 助教授（当時）のゼミ（「主張することと立証すること」と「ヴェーバー理解社会学のカテゴリー原書講読」）を紹介してくれた友人などの自主ゼミ（清水節・前知財高裁所長、佐藤順哉・第一東京弁護士会元会長、山岸良太・第二東京弁護士会元会長、藤本利明・栃木県弁護士会元副会長ら）に入り込み、後追いで解釈法学に取り組みました。受験予備校のない時代に、塚原英治弁護士・青山学院大学教授ら合格者のノートのコピーをいただき、ゼミでは、これを理解すれば合格できると信じて、司法試験につき進みました。今から十四年前に獨協大学法科大学院で、法学未修者を教育することとなった時に、政治学から転じて、なじみにくい解釈法学に取り組んだ経験が、法曹実務教育への共感となり、様々な法律実務科目を教えることとなりました（※1）。

法曹資格を得た後は、原発銀座・郷里の問題に取り組むため、原子力情報の公開のために情報公開法の制定と知る権利の確立を求めました。

「知る権利」については、大学入学当時、沖縄返還密約が問題となっていましたけれども、一九七三年に受講した憲法の小林直樹教授が「知る権利」を講義で強調されていた記憶があります。小林教授は、一九七九年に自由人権協会において講演し、アメリカの情報自由法を紹介します。これを機に、自由人権協会が研究のうえ日本の法制に適した「情報公開法要綱」を公表します。情報公開法制というものをちゃんと作ろう、役所にある情報は原則公開だから、請求すれば全部出てくるようなそういうシステムを作ろう、という運動が一九八〇年から始まりました。司法試験に合格したのが八一年でしたから、私もその時からその運動にかかわっていきました。折原浩教授から学んだマックス・ヴェーバーは、官僚はデータを抱えることによって権限を保有するんだと、国民に知らせないことによって権力を持つんだと、だから、ここを透明化していくのが大事だということを、一九〇〇年代の初めにドイツの政治状況下で述べていました。だから、これがきっかけになるんじゃないかなと、「官僚制」と「情報」をキーワードに運動にかかわっていました。

■情報公開条例に基づく情報公開訴訟から情報公開法制定へ

先ほど申しましたように、大飯原発の実態調査をして、福井・若狭湾にいっぱい原発ができたけれど、これを無くすというのはなかなか無理だなあと思いました。そうすると、原子力基本法の2条に、原子力情報の公開原則というのがありますから、この公開原則というのを具体化できるような、何か手掛かりはないだろうかと思いまして、そこでかかわったのが、情報公開法の立法運動ということになります。「もんじゅ」の事故をきっかけに動燃（動力炉・核燃料事業団）の情報公開が制度化され、それはのちに一九九九年の情報公開法制定について、二〇〇一年の独立行政法人等の情報公開法（独立行政法人等の保有する情報の公開に関する法律）という法律に結実していきます。情報公開法制定まで十数年間ひたすらこの運動をするために、先に全国の自治体で条例ができましたから、その情報公開条例に基づいて裁判を何件も起こしました。もちろん手弁当の裁判ですが、それで勝ったり負けたりしますと、その勝ったり負けたりすることをふまえて、条例に基づく制度や条項のあり方について、やっぱりこういう法律のほうがいいですよという提言をしていくという運動をすることができました。そうして原後綜合法律事務所の同僚（近藤卓史弁護士）やその他の友人弁護士（北沢義博、末吉亙、堀裕一各弁護士）と共に訴訟理論を組み立てました。

弁護士になって最初の民事裁判の判決は、情報公開条例に基づいて都市計画地方審議会の会議録の公開を求めた埼玉県情報公開訴訟でした。全面勝訴のうえ、一審で確定し、以来、行政改革委員会行政情報公開部会で情報公開法要綱が議論された一九九五年までに、情報公開訴訟では、「和解」による部分公開を含め七件の勝訴を得たことになります（※2）。奥平康弘東大教授・情報公開法を求める市民運動代表世話人（当時）、清水英夫青山学院大学教授・自由人権協会代表理事（当時）や秋山幹男弁護士らの後を追い、自由人権協会と情報公開法を求める「市民運動」へ参加しました。

一九八二年に山形県金山町と神奈川県において情報公開条例が制定され、以後、自治体での情報公開条例の制定が情報公開法制定に先行しました。私にとっては、自ら制度化を求めた条例によって裁判するという新しい、弁護士の型が作られていきました。原後山治弁護士の事務所に在籍し、全国で情報公開条例の制定が進んだ時期に、学者の研究を後追いしながら、一件ごとに新しい理論を組み立てました。

しかし、訴訟へのかかわりが深まるにつれて、学者の研究にも参考にするものがなくなりました。実務が研究に先行してしまったのです。それに伴い、論文も発表しましたが（※3）、十分ではなく、より一層従前の訴訟の経験を生かし、さらに論文をまとめ、学界にも問題提起する必要が出てきました。当時、マンション設計図公開訴訟で「ノウハウ」の侵害を理由に公開が認められなかった横浜地裁判決を受けて、東京高裁で争っていましたが、この訴訟では、知る権利と営業秘密・著作権・プライバシーとを、どのように行うかが争点となっていました。そこで、これをテーマとして、筑波大学大学院経営・政策科学研究科において研究することとなりました。その際の修士論文「日本の情報公開立法における知る権利と営業秘密・プライバシー等との衡量について」の一部を『法律時報』等にて発表しました（※4）。その後、「日弁連『情報公開大綱』について」（『自由と正義』一九九五年五月号）をまとめました。

この過程で、私のかかわる情報公開の立法運動のネットワークは、第二東京弁護士会（司法制度調査会情報公開部会、情報公開制度推進委員会、現在の情報公開・個人情報保護委員会）、日本弁護士連合会（司法制度調査会情報公開制度特別部会、情報公開法・民訴法対策本部、現在の情報問題対策委員会）、情報公開法制定推進会議（代表世話人清水英夫・青山学院大学名誉教授、奥田碩・トヨタ自動車副社長ほか）、情報公開法の制定を求める市民ネットワーク（情報公開法を求める市民運動、主婦連合会ほか）、情報公開法理論研究会（右崎正博・獨協大学教授、森田明弁護士、野村武司・獨協大学教授ほか）にまで広がりました。

■レペタ事件から知る権利の確立を求めて

これと時を同じくして、知る権利のうち政府情報公開請求権を憲法上の権利として裁判所においても認めさせることはできないかをテーマとする訴訟を提起することになりました。いわゆるレペタ事件です。

アメリカ人のローレンス・レペタ弁護士は、当時、原後法律事務所に机を置いて日本の証券取引法を研究していましたが、彼が、日本の刑事裁判を傍聴に来てメモを採ろうとしたら裁判官に止められました。「メモはだめだと言われた」と私に言うもんですから、最初は、日本の裁判所はそんなことできないんだよなと答えていました。ところが、彼は、「アメリカでできるのにどうしてできないんだ、おかしいじゃないか」と言って、刑事裁判が終わってから、メモを採れないことが表現の自由（憲法21条）に基づく知る権利としての「法廷でメモを採る権利」を侵害するという理論構成で国家賠償法に基づき金一〇〇万円を支払えという、そういう裁判をしたわけです。原後山治、近藤卓史両弁護士が日弁連法廷委員会から支える体制で、ローレンス・レペタ米国弁護士が提起した「法廷メモを採る権利」

の裁判に秋山幹男、鈴木五十三、喜田村洋一、山岸和彦ら自由人権協会の各氏らと、その一員としてレペタ事件国家賠償請求訴訟を提起しました。

憲法21条は表現の自由を保障する規定をしています。でも、表現をするためには情報をインプットしなければいけない。いろいろ自分たちでいろんなところに出かけて行って情報をもらわないと正しい情報が入りません。そういう意味で、そこに表現の自由から派生した原理として知る権利がある、この権利が憲法21条で保障されているというのが、当時の憲法学者の理論でした。それを手掛かりに何かできないかなという動機づけをして、アメリカで殺人事件の正式審理を非公開とした措置の合憲性が争われていたリッチモンド新聞社対バージニア州事件の連邦最高裁判決（Richmond Newspapers, Inc. v. Virginia, 488 U. S. 555（1980））を参考として憲法21条と憲法82条の裁判公開原則に基づく「法廷でメモを採る権利」として具体化される知る権利侵害ということで裁判を構成しました。けれども、東京地方裁判所で負けて、東京高等裁判所で負け、最高裁判所でも負けました。損害賠償金の支払請求は棄却されましたが、判決文は相当にぶ厚い判決でした。最高裁判決は、大法廷で言い渡されましたが、傍聴券にはメモ禁止とは書いてありませんでした。書記官室に行って敗訴判決にしては不相応にぶ厚い判決文をもらうと、これはやはりもう格調高い判決でした。「憲法第21条1項の規定は表現の自由を保障し、そして各人が自由に様々な意見、知識、情報に接し、これを摂取する機会をもつことは、その者が個人として自己の思想及び人格を形成発展させ社会生活の中にこれを繁栄させていくうえにおいて、欠くことのできないものであり、民主主義社会における思想及び表現の自由の伝達確保という基本的原理を真に実効あらしめるもののためにも必要であって、このような情報等に接し、これを摂取する自由は右規定の趣旨目的からいわばその派生原理として当然に導かれるところである」というような判旨でした。これはもう表現の自由など、自由や人権を護る仕事をやっていた私たちの目指した、弁護士名利につきる名判決の部分でした。そして、この判決はいろんなところで引用されるようになりました。特に、「裁判所としては、今日においては、傍聴人のメモに関し配慮を欠くに至っていることを率直に認め、今後は、傍聴人のメモを採る行為に対し配慮をすることが要請されることを認めなければならない」という判旨の部分において（※5）。

これは最高裁大法廷平成元年三月八日判決（民集四三巻二号八九頁）ですが、この日は全国の裁判所の所長が最高裁判所に集められた裁判官会議の日でしたが、今こういう判決が出たから今日からぜひ裁判所でメモが採れるようにしなさいということになって、さらに、同日、最高裁事務総長談話として、「事務総局としては直ちに各裁判所と連絡を取り、司法行政上必要とされる措置を講じたい」と発表しました。裁判所の法廷の前に掲示板があって、ビラとかゼッケンをしてはいけないとかたすき掛けをしてはいけないとか書いてあります。そのときまで、メモ禁止って書いてあったんですけれど、三月八日に、メモ禁止っていうところをビニールテープで消すようになったんです。ですから、その後は、法廷画家という職業も生まれて、テレビで被告人の似顔絵なんか出るようになりましたけれど、あれは、法廷メモ判決で我々が実質勝たないとそういうことはできないと。最高裁判決と同日の最高裁事務総長談話をもって、法廷でメモを採る権利が確立されたということになります。

レペタ事件最高裁判決については、千葉勝美・元最高裁判所判事が、「憲法判断としては、傍聴人のメモを制限する措置は、表現の自由を規制する措置の合憲性判断と同様の『厳格な基準』による規制に服させる必要はなく、裁判長の法廷警察権による一般的な制限は当然に許されるという合憲判断を行ったものである」、さらに「その実質は傍聴人のメモに対する法廷警察権の在り方一般についての最高裁の見解を述べたものといえるのではないだろうか……下級裁に対し、今後は、『法廷内メモは原則として自由』との趣旨を一般的な形で述べるものとなっているのは、そのような趣旨からであろう」と評価されています（※6）。たしかに憲法学者が探究してきたところの憲法訴訟論的には、「法廷でメモを採る権利」についての憲法判断を回避しているように解せますが、今では合理的な理由がなければ裁判長の法廷警察権としては傍聴人のメモを禁止することはできませんから、本日最後に述べる憲法政策論の立場からは、憲法21条の表現の自由に基づく知る権利としての法廷でメモを採る権利（メモを採ることに対する妨害の排除請求権［自由権］）が実質的に確立されたということになります。

■情報公開法に知る権利という言葉が用いられなかった経緯

もっとも、日本の情報公開法制における知る権利の生成・展開は、相当に難産でした。一九七九年の自由人権協会の「情報公開法要綱」の発表以来、私たちは、政府情報開示請求権としての知る権利の確立を求めました。一九八一年五月の自由人権協会「情報公開モデル条例案」が「市政に関する市民の知る権利を実効あらしめること」を目的規定に明記したこと（1条）から共鳴されて、蒲原町、春日市、川崎市、大阪府などの情報公開条例では、目的規定に「知る権利」が明記されました。しかし、神奈川県、埼玉県、東京都条例においては「知る権利」という言葉は用いられませんでした。

私たちは、情報公開法にも「知る権利」の明記を求めました。レペタ事件最高裁判決を受けて、「知る権利」を法の目的規定に明記することにより、「知る権利」の制約を正当化する根拠としての不開示情報（情報公開法5条となる）の解釈適用にあたり、表現の自由を規制する措置の合憲性判断と同様の「厳格な基準」による規制に服させることが可能になるのではないかという見通しを持っていたからです。しかし、一九九六年に行政改革委員会が内閣総理大臣に意見具申した「情報公開法制の確立に関する意見」の内容をなす「情報公開法要綱案の考え方」においては、法の目的規定に「知る権利」を明記することにはなりませんでした。「最高裁判所の判例においては、請求権的な権利としての『知る権利』は認知されるに至っていない」ということなどが理由とされました。その考え方に立って、一九九九年に、「行政機関の保有する情報の公開に関する法律」(情報公開法)は、「国民主権の理念にのっとり、行政文書の開示を請求する権利につき定めること等」を手段として、「政府の保有するその諸活動を国民に説明する責務が全うされるようにすること」(説明責任)を目的とすることを規定しました(1条)。

■公文書管理法の制定から行政文書管理ガイドライン改正まで

二〇〇一年の情報公開法施行後、各府省庁は不開示にできる法の運用に傾き、全面開示される国立公文書館へ公文書を移管しなくなりました。そこで、私は、これまで外部からよりよい情報公開法の制定を求めていた立場から変わって、二〇〇三年小泉政権の福田康夫官房長官主宰の「公文書等の適切な管理、保存及び利用に関する懇談会」の委員に指名されて、国立公文書館有識者会議(座長石原信雄・元官房副長官)にも参加し、公文書管理法の制定に取り組むこととなりました。

二〇〇九年公文書管理法制定により二〇一一年から公文書管理委員会委員・特定歴史公文書等不服審査分科会会長となり、二〇一八年七月まで、法の運用にもかかわりました。このため、それまで継続してきた問題提起型の情報公開訴訟の原告代理人は辞めました。冒頭で述べたとおり、情報公開条例にかかる問題提起をする訴訟を手がけながら、よりよい情報公開法の制定を求めてきたのですが、特定歴史公文書等の利用拒否処分に対する不服審査を判断する立場と相容れないものとなったからです（※7）。

二〇一七年三月、森友学園への国有地売却にかかる交渉記録の廃棄が問題となり、世の中に公文書管理法の存在が知られるようになりました。二〇一八年三月、同国有地売却にかかる売払決裁書等の改竄が朝日新聞にスクープされ、電子データの保有管理等についての改革も求められています。次に、この問題を、「行政文書」の意義をふまえて、「桜を見る会」招待者名簿の廃棄の問題から論じることとします。

情報公開法2条2項（一九九九年制定）は、「行政文書」とは、「行政機関の職員が職務上作成し、又は取得した文書、図画及び電磁的記録（電子的方式、磁気的方式その他人の知覚によっては認識することができない方式で作られた記録をいう。以下同じ）であって、当該行政機関の職員が組織的に用いるものとして、当該行政機関が保有しているものをいう」と規定しています。この規定のうち「組織的に用いる」とは、国会審議でも「作成段階では個人メモとしてつくられたものであっても、その後、業務上の必要性の観点から組織共用文書として保有される状態になっていれば、行政文書」であることが明らかにされています（※8）。

公文書管理法4条は、「行政機関の職員は、第一条の目的の達成に資するため、当該行政機関における経緯も含めた意思決定に至る過程並びに当該行政機関の事務及び事業の実績を合理的に跡付け、又は検証することができるよう、処理に係る事案が軽微なものである場合を除き、次に掲げる事項その他の事項について、文書を作成しなければならない」と規定しています。その趣旨は、作成から利用までの文書のライフサイクルの第一段階である「作成」について法律上の義務を定めたものです。

森友学園問題を含む公文書管理法の運用の最近の問題4事例、すなわち、①内閣法制局の集団的自衛権行使に関する「国会答弁資料案」（二〇一六、二、本書七七頁）、②陸上自衛隊ＰＫＯ派遣部隊の日報（二〇一六、十二、本書七九頁）、③財務省の森友学園との交渉記録（二〇一六、六、本書六〇頁）、④加計学園の獣医学部新設に関する文科省文書（二〇一六、五、本書四九頁）については、いずれも、事実上保存されている電子データや紙媒体の文書が「行政文書」に該当しないと誤って解釈されるという行政文書該当性の問題が指摘されて、特に一年未満保存期間文書の取扱いについて改善策が必要とされました。

この公文書管理上の問題に対し、公文書管理委員会（委員長宇賀克也・東京大学大学院教授）における審議を経て、二〇一七年十二月に行政管理ガイドラインを改正し、これに基づき二〇一八年三月末までにすべての府省庁において、行政文書管理規則を改正しました。すべての府省庁で統一的に規則改正がなされたことは、一八八九年の内閣制度の設立以降、初めての画期的なことでした（※9）。

このガイドライン第4・整理・3保存期間、（5）1—（1）の保存期間の設定及び保存期間表においては、「歴史公文書等に該当しないものであっても、行政が適正かつ効率的に運営され、国民に説明する責務が全うされるよう、意思決定過程や事務及び事業の実績の合理的な跡付けや検証に必要となる行政文書については、原則として一年以上の保存期間を定めるものとする。」という規定が新設されました。

さらに新設された（6）では、「①別途、正本・原本が管理されている行政文書の写し、②定型的・

日常的な業務連絡、日程表等、③出版物や公表物を編集した文書、④○○省の所掌事務に関する事実関係の問い合わせへの応答、⑤明白な誤り等の客観的な正確性の観点から利用に適さなくなった文書、⑥意思決定の途中段階で作成したもので、当該意思決定に与える影響がないものとして、長期間の保存を要しないと判断される文書、⑦保存期間表において、保存期間を一年未満と設定することが適当なものとして、業務単位で具体的に定められた文書」等については、保存期間を一年未満とすることができます。

もっとも、さらに新設された（7）においては、（6）の①ないし⑦の文書も含めて、「1―（1）の保存期間の設定においては、通常は一年未満の保存期間を設定する類型の行政文書であっても、重要又は異例な事項に関する情報を含む場合など、合理的な跡付けや検証に必要となる行政文書については、一年以上の保存期間を設定するものとする」と規定されました。これについては、留意事項として「『重要又は異例な事項』とは、ある業務について、通常とは異なる取扱いをした場合（例：通常専決処理される事務について、本来の決裁権者まで確認を求めた場合）等が想定されるものであり、そのような案件に係る情報を含む行政文書については、通常は一年未満の保存期間を設定する行政文書の類型であっても、合理的な跡付けや論証に必要となるものについて、一年以上の保存期間を設定するものとする。」と説明されています。この改正により、国有財産の売却処分にあたり、財務省近畿財務局が総理夫人や政治家のかかわりのある学校法人に対し大幅値引きをした売買契約を締結する交渉記録は一年以上の保存期間を設定されることとなります。また、「記憶にない、記録にない」という財務省の国会答弁もなくなることが期待されました。

■「桜を見る会」招待者名簿の不当廃棄

しかし、内閣府は、二〇一九年五月に、予め総理大臣主催「桜を見る会」の招待者名簿の保存期間を一年未満と定めたことをふまえて、開催から一ヵ月足らずで廃棄しました。この内閣府の姿勢は、行政文書管理ガイドラインを改正し各府省庁の行政文書管理規則の改正を指導した私からみれば、公文書管理法の所管官庁として、公文書管理法を全く遵守していないということになります。

上記のとおり、政府は森友・加計学園問題等で批判を受け、二〇一七年に行政文書管理のガイドラインを改正しました。行政の意思形成過程や事業の検証に必要な文書の保存期間を原則一年以上にすると決めました。桜を見る会は、招待者が年々増え、支出額が毎年予算額を超えています。名簿は検証に必要な文書にほかなりません。

これに対し、内閣府は、二〇一八年に至り、「桜を見る会」招待者名簿の保存期間を一年未満としました。しかし、招待状の送付手渡しにかかる招待者名簿は②定型的な業務連絡には該当しません。そこで、⑦保存期間表に、保存期間一年未満と設定することが適当なものとして、業務単位で具体的に定めたようです。一体、誰がそのように定めたのでしょうか。上記公文書管理法4条及び原則一年以上の保存期間を定めたガイドラインの趣旨に反すると思われます。なぜなら、毎年数千万円も予算をオーバーする「桜を見る会」は異例な事項といえます。重要又は異例な事項に関する情報を含む場合には、通常は一年未満の保存期間を設定する行政文書の類型であっても、合理的な跡付けや論証に必要となるものは、一年以上の保存期間であることを要するからです。

それゆえに国権の最高機関であり国政調査権を有する国会の議員による資料要求に対しては、直ちに、一年以上の保存期間の運用に変更すべきでした。しかし、その運用すらしていません。バックアップデータが残っていることも、資料要求時点で隠しました。

内閣府は廃棄の理由を「大量の個人情報が含まれ、適正な管理が困難なため」と説明しました。ですが、二万人に満たない個人情報は役所では珍しくありません。行政機関個人情報保護法に基づいて保存するのがあるべき姿だからです。

上記ガイドラインでは、一年未満保存文書としても、四半期くらいの一定期間保存し、廃棄したとしても、当該期間終了後速やかに廃棄簿に記載して公表するものとする旨規定していますが、内閣府においては、そのような運用例はないようであり、「桜を見る会」招待者名簿は、すべて用済み後即時廃棄としているのです。

しかし、用済み後即時廃棄は、文書管理規則を適正に解釈していません。

仮に一年未満保存文書と解しても、一定期間保存し、その期間中は行政機関個人情報保護法に基づき適正に保存管理するものであって、個人情報であることを理由とする即時廃棄は不可であるはずです。

廃棄されたのは共産党議員の資料要求があった直後でした。この時点でバックアップデータが残っていたのに、内閣府は行政文書ではないとして提供しませんでした。一般の職員が使用できず「組織共用性」がないとの説明は、法の解釈をねじ曲げているように思います。そもそも国権の最高機関である国会（憲法41条）に属する議員への対応として問題があるのです。

このことは、電子データを所管する内閣府が親サーバーにデータを一元管理するシンクライアント方式によるバックアップデータ保管の場合には、より一層重要です。この方式においては、加計学園問題の際の各所の共有サーバーの場合と異なり、親サーバーにおいて電子データが消失したときには、バックアップを即座に行わない限り行政文書が再現できないという問題を生じさせるからです。行政文書ガイドライン第5、保存《留意事項》のうち、〈その他適切な保存を確保するための措置〉においては、各府省庁で策定されるべき「行政文書ファイル保存要領」の記載例が示されており、その中では「2　電子文書の保存場所・方法」として、「電子文書は、情報セキュリティポリシーの規定に従い、必要に応じ、電子署名の付与を行うとともに、バックアップを保存する」との規定案が示されており、バックアップデータは、「組織共用文書」として「行政文書」に該当することが前提とされています。そして、これを受けて、「内閣府本府行政文書ファイル保存要領」2では、ガイドラインと（※10）同文の「バックアップを保存する」旨の規定がおかれているのです。

　行政文書管理ガイドラインの改正と共に、公文書管理のための監督体制も整備されて、各省庁の文書管理体制を監視する公文書監察室が内閣府に設けられていますが、「桜を見る会」については、文書保存のための歯止めにすらなりませんでした。抜け道だらけの危機的な状況です。専門家でつくる公文書管理委員会の監督権限を強めるか、独立した「公文書管理庁」のような新しい組織をつくる必要があります。

　二〇一九年四月二十三日の公文書管理委員会に提出した内閣府公文書監察室の「行政文書の管理に係る取組の実態把握調査・調査報告書」に「保存期間を1年未満とすることについて十分な検討が必要なもの」というところに、さらなる具体化が必要なものとして「式典の招待状」などが入っています。この項では「当てはめによっては1年以上とすべきものも含まれ得るものが確認された」と書き、まさに一年未満の見直しに言及しています。招待者名簿は、招待状の元になるものであって検証に必要だから、保存期間は一年以上にしなければなりません。

ところが、内閣府はこの報告書を無視して、宮本議員がこの問題で資料要求した五月九日にシュレッダーにかけて廃棄したということになります。

内閣府公文書監察室は、森友事件で公文書の改竄と廃棄が問題になったことをきっかけにできた部署ですから、その報告書を内閣官房、内閣官房長官ひいては公文書廃棄の最終同意権限を有する内閣総理大臣（公文書管理法8条2項）が踏みにじったとすると、極めて問題であるということになります。

立憲民主主義国においては、政府の保有する情報は「健全な民主主義の根幹を支える知的資源」（公文書管理法1条）です。国民が今回の問題を「たかが名簿の話」と考え、権利を主張しないということになれば、「健全な民主主義」は育ちません。

情報公開法改正（特に裁判所でのインカメラ審理（弁論期日外行政文書証拠調手続・裁判官だけが情報公開請求文書を裁判官室［＝インカメラ］で見る手続、本書七四頁））や情報公開制度全般を見直す「情報公開審議会」の設置、さらに国会議員の資料要求を含み重要又は異例な取扱いをした文書については用済み後廃棄を認めないこととする公文書管理法改正が求められています（※11）。

以上のとおり、行政機関の保有する文書については、公文書管理法に基づく文書の保存（4条）を前提として、「行政文書」（情報公開法2条2項、公文書管理法2条4項）として、保存されます。「桜を見る会」招待者名簿の廃棄問題など、まだ、法に基づく適正な運用がなされているとは解せない事例も多く、法に基づく公文書管理委員会の権限が生かされていないという課題は残っていますが、ともかく、歴史公文書等として保存、管理され、利用請求に供される制度が整備されつつあります。

■裁判記録保存と閣議議事録等の作成・公表

刑事裁判記録は、「訴訟に関する書類」（刑訴法53条の2）として、情報公開法及び公文書管理法の適用除外とされ、刑事確定訴訟記録法に基づき、刑事参考記録（同法9条）として法務大臣が保存するもの以外は、すべて廃棄されることとなります。

しかし、この運用については、私は、二〇〇三年から国立公文書館有識者会議委員及び内閣府「公文書等の適切な管理、保存及び利用に関する懇談会」委員として裁判記録の国立公文書館への移管を強く求めました。

福田康夫・内閣総理大臣の時代に組織された「公文書管理の在り方等に関する有識者会議」（座長尾崎護・元大蔵事務次官）において、「立法府及び司法府の文書についても、歴史的価値を有する文書については国立公文書館への移管を促進するための必要な措置を盛り込むこと」が求められました（※12）。これを受けて、民事裁判記録については、二〇〇九年八月五日内閣総理大臣・最高裁判所長官申合せ「歴史史料としての重要な公文書等の適切な保存のために必要な措置について」により、国立公文書館への移管の途が拓かれました。

私は、先述のとおり、二〇一一年に公文書管理委員会委員を務めることとなりましたが、同委員会において、行政文書の管理に関するガイドライン（二〇一一年四月一日内閣総理大臣決定）を策定し、東日本大震災の際には、政府の災害対策本部と原子力災害対策本部において、議事録が作成されていないということから、同ガイドライン中に「歴史的緊急事態に対応する会議等における記録の作成の確保」の項目を追加しました。今回の新型コロナウイルス禍による歴史的緊急事態として適用される箇所です。この中での「①政策の決定又は了解を行う会議等」において、大臣等による対策本部級の会議のみならず、その準備にあたる事務局レベルの会議についても、公文書管理法4条の意思形成過程を含む文書作成義務の観点から議事録を作成すべきという規定にしました。議事録が不要なものは、救援物資の配送チームなど意思形成に関わらない事務事業型の別動隊だけを想定しました。ところが、今回は専門家会議を含む事務局レベルの会議は「②政策の決定又は了解を行わない会議」に該当するものとして議事録を作成しないという運用がなされていることは残念なことです（※13）。

公文書管理法の制定と施行は、行政実務に大きな影響を与え、閣議についても、一八八九年の内閣制度の発足以来初めて議事録を作成することになりました。これについても、民主党政権の末期に岡田克也副総理を中心とする「閣議議事録等作成・公開制度検討チーム」の委員として「閣議議事録作成・公開制度」の企画立案に関わり、イギリスとドイツの内閣の調査にも出かけました。当初は、閣議及び閣僚懇談会についてイギリスやドイツの内閣並みの詳細な議事録を作成し、20年乃至30年先に公開される制度とする予定でしたが、自公政権においては、簡潔な議事録を早期に開示する制度として実施され、現在に至っています。簡潔な議事録ということでは全く物足らないもので、いずれ詳細な議事録の作成へと運用を変えるべきです。

この他、公文書管理委員会においては、刑事確定訴訟記録についても、刑事確定訴訟記録法の刑事参考記録は将来的には国立公文書館に移管されるべきであると言い続けてきましたが、谷垣禎一法務大臣のときに、まず、2・26事件などの軍法会議資料が国立公文書館に移管されることが決まり、現在では、国立公文書館のホームページにおいて、電子的にこれを閲覧することができます。

刑事確定訴訟記録については、関東弁護士会連合会（関弁連）の理事長として二〇一八年十二月二十一日「刑事裁判記録及び死刑執行の情報の公開にかかる理事長声明」において、「法務大臣が刑事参考記録を廃棄せずに国立公文書館へ移管することを期待したいと提言したことは、刑事裁判記録の情報公開としては一歩前進」と評価すると共に（※14）、「本来ならば情報公開法の対象情報とするか、刑事確定訴訟記録法を改正して、記録の閲覧・謄写の請求権の保障を強化することが求められる」ことを宣明しました。

■民事裁判記録保存

そして、残るは、民事裁判記録です。民事判決原本については、既に国立公文書館に移管されていますが、民事裁判記録については手つかずの状態でした。これについては、関東弁護士会連合会理事長として、二〇一九年三月十九日「歴史史料として重要な民事裁判記録の保存、管理を求める理事長声明」を発出しました。以下、これに沿って説明します。

新聞報道によれば、民事訴訟などの裁判記録のうち、歴史史料などとしての価値が高い記録を永久保存するための制度が東京地裁でほとんど活用されておらず、「史料または参考資料」として特別保存されたものは十一件しかないとのことでした（※15）。

関弁連は、二〇一八年九月の第65回定期弁護士大会において、「地方公共団体に対して公文書管理法制の実効的な体制確立を求める宣言」を採決・公表し、さらに同年十二月に、「刑事裁判記録及び死刑執行記録の公開にかかる理事長声明」を公表しましたが、民事裁判記録についても、歴史史料として重要な記録の保存・管理を求めて、以下のとおり理事長声明を発表しました。

最高裁判所規則である「事件記録等保存規程」は、9条2項において「記録又は事件書類で史料又は参考資料となるべきものは、保存期間満了の後も保存しなければならない。」と定めています。これを受けて「事件記録等保存規程の運用について」（平成四年二月七日事務総長依命通達）では、第6、2（1）において、特別保存すべき記録又は事件書類の選定の指針として、

「ア　重要な憲法判断が示された事件

イ　重要な判例となった裁判がされた事件など法令の解釈運用上特に参考となる判断が示された事件

ウ　訴訟運営上特に参考になる審理方式により処理された事件

エ　世相を反映した事件で史料的価値の高いもの

オ　全国的に社会の耳目を集めた事件又は当該地方における特殊な意義を有する事件で特に重要なもの

カ　民事及び家事の紛争、少年非行等に関する調査研究の重要な参考資料になる事件」

を例示しています。

また、同通達第6―2（2）および（3）は、特別保存事件の選定手続について、「弁護士会、学術研究者等から、事件及び保存の理由を明示して2項特別保存の要望があったときは、事件簿又は裁判原本等保存簿の当該事件の『備考』の箇所にその旨を記載する」ものとし、この「要望があったときは、特別保存に付するかどうかの判断に当たって、その要望を十分に参酌する」こととしています。

ところが、上記新聞報道にかかる調査によれば、東京地方裁判所において9条2項により特別保存

された記録は、十一件であるにとどまり、これ以外の貴重な記録は、保管期間を経過したものでまだ保存されているものが約二七〇件あるほか、朝日訴訟、八幡製鉄事件、三菱樹脂事件、マクリーン事件、レペタ事件、在外邦人選挙権制限違憲訴訟、国籍法違憲訴訟などを含め、すべて廃棄されてしまったとのことでした。上記最高裁平成四年二月七日事務総長依命通達に反し、最高裁大法廷で憲法判断がなされた著名事件の記録が処分されていたのです。裁判所は法の番人であるにもかかわらず、公文書が「民主主義の根幹を支える国民共有の知的資源」（公文書管理法1条）であるという立場から民事裁判記録を保存しようという、アーキビスト的視点が欠落していました。

一方、二〇〇九年八月五日内閣総理大臣・最高裁判所長官申合せ「歴史資料としての重要な公文書等の適切な保存のために必要な措置について」（以下「平成二十一年八月五日内閣総理大臣・最高裁判所長官申合せ」という）及びこれに基づく二〇一三年六月十四日内閣府大臣官房長・最高裁判所事務総局秘書課長・最高裁判所事務総局総務課長申合せ「歴史資料として重要な公文書等の適切な保存のために必要な措置について（平成二十一年八月五日内閣総理大臣・最高裁判所長官申合せ）の実施について」（以下「平成二十五年六月十四日申合せ」という）が、それぞれ合意されています。平成二十五年六月十四日申合せによれば、民事事件の事件記録は、事件記録等保存規程（昭和39年最高裁判所規程第8号）4条に規定する保存期間が満了し、かつ、保存期間の満了後も同保存規程9条2項の規定に基づき史料又は参考資料となるべきものとして保存されているものについては、裁判所において保存するものを除き、歴史資料として重要な公文書等として裁判所から内閣総理大臣に移管すべき裁判文書とされています。

そもそも、公文書管理法14条1項は、裁判所も、内閣総理大臣と協議して定めるところにより、裁判所が保有する歴史公文書等の適切な保存のために必要な措置を講ずるものとされているところ、同法附則3条の規定により同法14条1項の規定による定めとみなされる平成二十一年八月五日内閣総理大臣・最高裁判所長官申合せを実施するために、平成二十五年六月十四日申合せがあります。また、国立公文書館では、プライバシー等を保護するために、50年、80年、100年という利用拒否措置も予定しています。それにもかかわらず、歴史史料として重要な民事裁判記録について、国立公文書館へ移管する途が拓かれていないのです。

他方、上記新聞報道によれば、教科書検定の合憲性が争われた家永教科書裁判や薬害訴訟など約二七〇件の裁判の記録は保存期間が過ぎた後も、東京地方裁判所に特別保存も廃棄もされずに残っており、家永訴訟など四〇件は特別保存する方向で検討が進められているということでした。しかし、廃棄と特別保存をどのように区分して進めるか、そのプロセスは透明ではないと指摘しました。

平成二十一年八月五日内閣総理大臣・最高裁判所長官申合せの前提とされる公文書管理法1条は、「国……の諸活動や歴史的記録である公文書等が、健全な民主主義の根幹を支える国民共有の知的資源であり、主権者である国民が主体的に利用し得るものであること」を宣言しており、「国……の諸活動」には当然のことながら、裁判所の諸活動も含まれているのです。しかし、裁判所内には歴史史料として重要な民事裁判記録を認定するアーキビスト的視点を有する公文書管理の責任者が設置されているとは認めがたい。

よって、関弁連は、すべての裁判所に対し、歴史史料として重要な民事裁判記録の保存、管理を求め、事件記録等保存規程に基づく、民事特別保存記録の指定について、例えばアーキビスト的視点を有する外部委員を含めた諮問委員会を設けるなどして、指定のプロセスを透明化すること、及び東京地方裁判所に対し、その保管されている約二七〇件の裁判記録について、検討されている四〇件を速やかに特別保存記録に指定するとともに、その余についても廃棄前に第三者の意見を聞き、さらに、平成二十一年八月五日内閣総理大臣・最高裁判所長官申合せに基づく民事裁判記録の国立公文書館への移管をも検討することを求めました。

関弁連理事長声明に先立ち、ジャーナリスト、学者、弁護士からなる「ほんとうの裁判公開研究会」(塚原英治弁護士、江川紹子フリージャーナリスト、澤康臣共同通信社編集局次長、福島至龍谷大学教授ほか)が、最高裁に民事裁判記録保存を求める請願書を提出しており、理事長声明もこれにならったものです。

東京地方裁判所はこれらに応えて、二〇〇件余りの事件の記録が事実上保存されていることなどを確認したうえで、「事件記録等保存規程」9条2項特別保存とするなどの応急処置をしたうえで、二〇二〇年二月十八日に、「民事事件の事件記録及び事件書類に関する事件記録等保存規程第9条第2項及び事件記録等保存規程の運用について(通達)第6の2に基づく特別保存の運用について」(運用要領)を作成・公表しました。

この運用要領によれば、一般からの要望の申出を行う手続等を東京地方裁判所のウェブサイトに掲載して広報するほか、在京弁護士会に要望があれば申出を行ってもらうよう呼びかけ、日本民事訴訟法学会、法制史学会にも2項特別保存の要望の申出を行う手続等について周知を図ることとしました。東京地裁における2項特別保存の運用は、最高裁を通じて全国の地方裁判所にも周知され、全国の地方裁判所においても同様の運用がなされる予定です。これを受けて、私たちは、弁護士会として2項特別保存の要望の申出を行うことが求められます。

■憲法政策としての情報公開法の解釈適用と法改正

以上、本日お話しした事例から明らかとなったのは、立法府による情報公開法及び公文書管理法の制定、行政府による法の解釈適用、司法部による開示請求情報の開示不開示の判断等を通じて、憲法政策的に、憲法21条に基づく表現の自由の構成要素としての抽象的権利である知る権利が情報公開法及び条例によって、生成・展開され、情報公開法5条及び6条等についての司法部による開示不開示の判断、さらにはインカメラ審理手続等立法府に投企される立法的課題等が相互に循環・交流する現場でした。実務における知る権利の生成・展開については、憲法政策学的な課題として、（a）問題形成段階、（b）対策立案段階、（c）行動計画段階を循環していきつもどりつ、それぞれ検討することが求められています。日弁連でも毎年、人権擁護大会において、様々な人権についての宣言や決議を行い、さらに法政策的意見書を決議・公表していますが、これは正に憲法政策論として位置付けることができ、私は、司法修習生以来、正に、知る権利の生成・展開及び課題を軸として情報公開の憲法政策を実践してきたのであるということを実感しています。

このことは、情報公開法の提案にあたり、小林直樹教授が提唱していた憲法政策論としての課題でもあるのです（※16）。

情報公開法を単なる行政情報法学にとどまらず、憲法の付属法として位置付け憲法政策として解釈適用し、知る権利の保障のための限界を情報公開法改正や公文書管理法の適正な運用、公文書管理条例の制定などへと導くことが求められます。これからも、この課題に取り組んでいきたいと思います。

また、日弁連が毎年開催する人権擁護大会では、人権保障の宣言や決議がなされ、また、それ以外でも意見書や会長声明がなされますが（※17）、これらも憲法政策の実践として改めて意義づけられるべきでしょう。

最後まで、この「無観客講演」をお読みいただき、まことにありがとうございました（東大法曹会の会報の編集にもたずさわりながら、近年は弁護士会会務に追われていて役割を果たせずにいましたが、これで少しは役割を果たせたかと安堵しています）。

（了）

※〈後注〉

1　三宅弘『法科大学院―実務教育と債権法改正・情報法制の研究』（花伝社）参照。

2　著者が1984年から1995年まで実際に関与した情報公開条例にかかる主な裁判例は、次のとおりである。「●埼玉県・都市計画地方審議会の議事録の公開請求」①浦和地判昭和59年6月11日（判時1120号3頁）、「●神奈川県・建築確認申請書添付図面の公開請求」②東京高判昭和59年12月20日（判時1137号26頁）、差戻後の③横浜地判平成元年5月23日（判時1319号67頁）④東京高判平成3年5月31日（判時1388号22頁）、「●東京都・環境影響評価審議会の会議録等の公開請求」⑤東京地判昭和63年2月23日（判時1264号33頁）、⑥東京高判平成2年9月13日（判時1362号26頁）、「●栃木県・知事交際費の支出内容の公開請求」⑦宇都宮地判平成6年11月9日（判時1130号3頁）、⑧東京高判平成3年1月21日（判時1374号27頁）、⑨最判平成6年1月27日（判時1487号48頁）、「●東京都・知事交際費の支出内容の公開請求」⑩東京地判平成4年10月15日（判時1436号6頁）、「●栃木県・帝京大学財務関係文書の公開の処分取消請求への訴訟参加」⑪宇都宮地判平成6年5月25日（判時1522号65頁）、「●那覇市・自衛隊施設建築計画通知書の公開処分取消請求」⑫那覇地判平成7年3月28日（判時1547号22頁）、「●東京都・精神病院統計の公開請求」⑬東京地裁昭和62年（行ウ）第114号事件（「和解」）、⑭東京地裁平成4年（行ウ）第20号事件（「和解」）、「●東京都・小田急線連続立体交差事業調査報告書の公開請求」⑮東京地裁平成6年（行ウ）第302号事件（「和解」）。これらに関与し、このため情報公開条例の制定経過等を研究してきた。また、情報公開訴訟は新しい訴訟類型であるために、これらの訴訟手続において試行錯誤してきた（三宅弘『情報公開ガイドブック—立法から活用の時代へ』（花伝社、1995年）。また、立法提言として秋山幹男＝三宅弘＝奥津茂樹『情報公開』（学陽書房、1988年）、自由人権協会編『情報公開法をつくろう』（花伝社、1990年）。

3 「主婦の情報公開訴訟から玉乃湯訴訟へ」『地方自治通信』1987年2月号や「情報非公開決定処分取消訴訟における『和解』」『判例タイムス』705号。

4 「情報公開と知る権利（1）～（3）」『法律時報』65巻12号、66巻1号、3号と「情報公開制度における企業情報の保護とその限界」『企業法学』2号。

5 ローレンス・レペタ（浜田純一訳）＝三宅弘＝山岸和彦＝鈴木五十三＝秋山幹男＝喜田村洋一『ＭＥＭＯがとれない——最高裁に挑んだ男たち』（有斐閣、1991年）。東京地判昭和62年2月12日判時1222号28頁、東京高判昭和62年12月25日判時1262号30頁、最大判平成元年3月8日民集43巻2号89頁。

6 千葉勝美『憲法裁判と裁判官の視線』（有斐閣、2019年）51、53頁。

7 それまでの経緯については、『原子力情報の公開と司法国家——情報公開法改正の課題と展望』（日本評論社、2014年））にとりまとめた。

8 第142回国会衆議院内閣委員会（平10年6月4日）30頁。

9 明治政府においては、内閣制度の発足と伊藤博文内閣の成立とともに「各省事務ヲ整理スルノ綱領」として指示された「官紀五章」においては、「繁文ヲ省ク事」として、公文書の簡略化だけが求められている（由井正臣「近代官僚制の成立過程」由井正臣＝大日方純夫『官僚制警察』（岩波書店、1990年）461頁。

10 公文書管理研究会編『実務担当者のための逐条解説　公文書管理法・施行令』（ぎょうせい、2019年）288頁。同研究会は、内閣府大臣官房公文書管理課の課員らの総称。

11 裁判所におけるインカメラ審理規定の新設を含む情報公開法改正案や公文書管理法改正案の具体的内容については、三宅・前掲（注7）167頁以下。

12 公文書管理の在り方等に関する有識者会議最終報告「時を貫く記録としての公文書管理の在り方〜今、国家事業として取り組む〜」（2008年11月4日）。

13 2020年3月22日毎日新聞電子刊。

14 これまでの刑事確定訴訟記録の保存、管理の状況については、右崎正博＝多賀谷一照＝田島泰彦＝三宅弘編『新基本法コンメンタール情報公開法・個人情報保護法・公文書管理法―情報関連7法』（日本評論社、2013年）465頁。

15 2019年2月5日朝日新聞朝刊。

16 小林直樹『憲法政策論』（日本評論社、1991年）67頁。「情報公開法、プライバシー保護法、データ保護法、国家秘密保護法（その必要の有無をめぐる論議を含めて）、及び諸種の報道関係立法（通信・電波・放送・出版等に関する法令）などの定立には、そうした原理上の脈絡［情報諸立法に民主的体系性を与えるための、各立法の原理の各部分に通ずる全体的脈絡―引用者注］への視点を欠けば、たんに運営上非常な混乱を生じ、各立法の趣旨を失わしめるのみならず、民主的な情報関係を損なうこととなろう」、「よい情報公開法ができれば、それは日本の言論史及び政治文化史のうえで、画期的な出来事になるであろう。それだけに、情報独占の優位を保持したい行政官僚や、腐敗のばくろを欲しない保守政党の強い抵抗が予想され、現代の政治力学の中で、すんなりと理想的な公開が制定されるとは考え難い」とする、小林直樹教授の言説である。

小林教授は、平井宜雄教授が提言した法政策学の過程モデル、すなわち（a）問題形成段階、（b）対策立案段階、（c）行動計画段階の3段階にわたり、

「（a）①問題の探索→②問題の確認→③問題の分析→④問題の実式化→

（b）⑤代替案の探索→⑥各代替案から生じる事態の予測→⑦代替案の評価→⑧代替案の選択→

（c）⑨実定法体系との接合→⑩解決案の実施」（平井宜雄『法政策学』（有斐閣、1987年 206頁）が、憲法政策の立案＝決定過程の考察にも、大いに役立つと評し、特に憲法政策学の見地から必要な補正を加えて、再構成を試みていた。

17 情報法制についての憲法政策の提言については、日弁連第60回人権擁護大会シンポジウム第2分科会実行委員会編『監視社会をどうする――「スノーデン」以後のいま考える、私たちの自由と社会の安全』（日本評論社、2018年）、『関東弁護士会連合会編『未来への記録――リスクを回避するための自治体の文書管理』（第一法規、2020年）参照。

【二〇二〇年三月二六日（当初の講演開催予定日）】

【講演】Ⅱ（知る権利ネットワーク関西 情報公開活動30周年記念講演）

公文書管理は民主主義の基盤

――森友問題から「桜を見る会」まで――

【司会】――開会のあいさつ

本日、講演会の司会進行をさせていただきます、「知る権利ネットワーク関西」の事務局長をしております江菅洋一です。よろしくお願いいします。

本日の進行としましては、挨拶は簡単に二、三分で終わります。次に第一部として、すぐに三宅弘先生のお話に移ります。十五時になりましたら休憩を取っていただきまして、この間に、ディスカッションカードに皆さま方のご質問や感想、アピールなどがございましたら書いていただきます。

これを受けまして、第二部では、三宅先生を交えてのディスカッションに移ります。普通こういう場合、パネルディスカッションという形式が多いと思うのですが、せっかく三宅先生に来ていただいているので、もうたっぷりと三宅先生のお話を皆さんと一緒に進めていきたいと考えております。

皆さまもうご存知のように、「知る権利ネットワーク関西」が三〇年を迎えました。実は、私達のメンバーは、このネットワークを作る以前から、情報公開についていろいろ取り組んでおりました。中でも対行政という取組みが多かったのですが、どうしても情報の壁にぶつかる。行政に問い合わせても、データがありませんとか、現在の国とよく似ていますね。三〇年～四〇年前の状況がまた再来しているのではないかなという思いがしています。

行政が持つ情報を公開することで、私たちの運動や取組みに活かしていきたいという思いで、いろいろ取り組んでいた市民団体が寄り集まってこのネットワークを結成しました。その辺の経過については、記念誌を発行しましたので、そちらを是非ご覧ください。

私たち「知る権利ネットワーク関西」は、関西方面での「知る権利」の拡充ということで取り組んでいますが、東京のほうで同時並行的というか、若干先輩というか、取り組んでおられたのが「情報公開法を求める市民運動」の三宅先生なのです。以来、三〇～四〇年にわたって、三宅先生とは、色々ご指導いただいたり、ディスカッションしたりということでお付き合いいただき、今日の記念講演を迎えることができました。そういう意味では、会場にも懐かしいお顔の方もおられます。

本日は、国会で問題になっている様々な政府の情報隠し、情報偽装、そんなことについてお話しいただけると思いますので、たっぷりと楽しんでいっていただければと思います。どうぞよろしくお願いします。

ということで挨拶はこれぐらいにして、三宅先生のほうにマイクをお渡しします。先生、よろしくお願いいたします。（拍手）

第一章　原子力情報の公開から、「情報公開法を作ろう運動」まで

一　法律家としての原点――国民の「知る権利」の保護を目指す

■はじめに

ご紹介いただきました三宅でございます。今日は市民団体の集会で、弁護士としての料金をいただくものではありませんので、先生ではなく「三宅さん」で通してください（笑）。よろしくお願いします。

私、弁護士になって今年で三十七年目です（二〇一九年現在）。「知る権利ネットワーク関西」は三〇年目ということですね。

今日は、ここ数年で話題となった森友学園問題、加計学園問題やPKOの南スーダン日報の問題なども含めて、それらを素材に「情報公開三〇年」を振り返って、今の公文書の管理がどうなっているのかという話までできればと思います。

あわせて言いますが、統計データなども、長年私たち日本弁護士連合会（日弁連）が政府に向けて提言する意見書の中では、電子データの保存をちゃんとやるべきということを言ってきました。二〇一九年二月に発覚した厚生労働省の統計データ不正問題においても、アンケート調査結果のデータも、本来なら電子データでちゃんと保存していれば、そんな紙の文書をスパスパ捨てる必要はなくて、正確なデータを再現することがおそらくできたと思うのです。こんな話はまだ誰もしていません

が、電子データの保存のところまで話ができればいいかなと思っています。特に、森友学園問題は関西がお膝元ですので、ここはきっちり話をさせていただきたいと思います。

■原発誘致の調査がきっかけで司法試験を目指す

弁護士になる前、私は、大学では当初、政治学を専攻していました。数量政治学という学問です。投票日の午後八時になると、出口調査の結果で得票数が大体分かりますよね。あれは、いろんな政治意識というものは、千人をひとつの単位として、それを分析するとおおよその政治意識のベースが分かります。数学を使ってその政治意識を分析するというのが数量政治学です。最初はそれを勉強していたのです。

私の出身は福井の小浜です。ちょうど若狭湾の中の小浜湾から日本海に向かって見ると大飯原子力発電所が見えます。この原発を誘致した福井県大飯町の誘致のときのアンケート調査と、その後の町長選挙の意識調査を数量分析することに、大学では取り組んでいました。

最終的に良いレポートができて、ゼミの教官にも評価していただきました。しかし、そういうことをやっても何も変わらないのでは、というような感じが一方ではしていました。

小浜湾の大島半島という半島の端っこから、送電用の鉄柱が立ち並んでいます。鉄柱が立っている地上面のところには、地役権というものが設定されるのですね。私は法学部に属していたのですが、政治学専攻で民法を勉強していませんでしたので（笑）、地役権って何だったっけなぁというところから始まりまして。ああこれは駄目だ、民法もちゃんと勉強しなければいけないなということで、司法試験を目指そうと法学部の中で路線を変えました。

その頃はまだ予備校もありませんでしたので、司法試験に合格した人のノートを入手して、このノートを全部理解したら受かると信じ込んで、無謀にも勉強を始めたというのが大学の四年生の頃でした。

司法試験に合格した後は、弁護士として、原発の情報公開をやらなければいけない、と考えるようになりました。

■「ジョーホーコーカイホーヲツクロー！」

故郷である若狭にもう大飯原発ができてしまった。これを反対運動でなくすというのは現実にはなかなか難しい。よくみると、原子力基本法の2条に「原子力情報の公開原則」という規定がある。この公開原則というのを具体化できるような、何か手がかりはないだろうか……と考え、それにはやはり情報公開法だろうと思いいたったのです。

ちょうどその頃、アメリカの消費者運動家の弁護士で、ラルフ・ネーダーという方がいました。フォードやGMの車を『Unsafe at any speed（アンセーフ アット エニー スピード／どんなスピードで走っても車は危険だ）』という著書で告発して、ブレイクした方です。GM社がそのネーダー氏を尾行していろんな身辺調査を行うのですが、それに対して損害賠償請求をして、GM社に対して多額の損害賠償――アメリカの場合は懲罰的損害賠償請求といって、慰謝料などが日本のおよそ三倍ぐらいは取れるのですが――を勝ち取りました。その慰謝料をベースに市民団体を作ったという、消費者運動の嚆矢ともいえる方です。エアバッグを提唱したことでも有名ですね。

ネーダー氏が日本に来たのが一九八九年。私は二週間、このネーダー氏の、全国各地での講演先を案内する役を担いました。行く先々で講演のテーマが異なるのですが、どこでも非常に感銘を受ける話をしていて、ああ大したものだと思ったものです。

そのネーダー氏が、一言だけ日本語を覚えるから教えろと言うのです。そこで私は「ジョーホーコーカイホーヲツクロー（情報公開法を作ろう）！」と伝えました。以降、彼は講演の先々で「ジョーホーコーカイホーヲツクロー！」と説いて回ってくれました。これだけで、私たちは情報公開法の立法キャンペーンを展開していったのです。今年（二〇一九年）は、それからちょうど三〇年という節目の年にあたります。

■法廷でメモを採れる権利を勝ち取った「レペタ訴訟」

ところで、自分の取り扱った代表的な訴訟はなんですか、とよく聞かれます。ただ、最近では、国の公文書管理委員会の委員などをやっていたので、最近のは何もなくてですね。

最近の一〇年間は、公文書管理委員会の中の「特定歴史公文書等不服審査分科会」。国立公文書館の保存文書について、公文書管理法にもとづく利用請求をして非公開になったものを判断する審査会があります。その審査会で非公開の当否の判断をする側に立ったので、それをやりながら国相手に裁判するのはまずかろうと思って、当時手掛けていた訴訟を全部手放したのです。なので、この一〇年はありません。今はその委員ももう辞めたので、これから色々手掛けようとは思っています。

昔はありますよ。法廷でメモを採るというのを認めさせる裁判（本書一三頁）。レペタさん——レペタさんってもう亡くなられたんですか？　とみんなから言われるのですがまだご存命です——アメリカの弁護士ですね。そのレペタさんの訴訟を最高裁まで争いました。結局上告棄却で負けたのですが、その日から法廷でメモが採れるようになったのです（前掲　最高裁平成元年三月八日判決）。

他にもまあいろいろあります〈本書三三頁〈後注〉2〉。でもそれは若い頃のことですね。

第二章　情報公開条例を参考に情報公開法を制定

一　地方自治体での情報公開条例制定の動きと重要な判決

■地方自治体での情報公開条例制定の動き

今日の講演のポイントは、まず「行政文書」の範囲。これが情報公開法の基本ですね（後掲レジュメ①）。情報公開法は、一九九九年に制定されました。一九八九年にラルフ・ネーダー氏が来て、情報公開法を作ろうというキャンペーンを行ってから、ちょうど一〇年後に当たります。

実は、情報公開の立法化を目指す動きは、地方自治体のほうが早く、日本で最初の情報公開条例は一九八二年に山形県の金山町でできました。

なぜ山形県金山町なのかというと、同町の岸宏一町長（当時）の大学の同級生が、元朝日新聞記者の田岡俊次さんでした。その頃、朝日新聞社は情報公開法制定のキャンペーンをやっていまして、田岡さんが岸町長に「この条例を作ったら日本で歴史に残るよ」と進言したのがきっかけだということです。

そこから、情報公開条例はブームになって、静岡県の蒲原町、都道府県では神奈川県、埼玉県、大阪府と続いて制定されていきます。

その大阪府の条例に基づいて、今日もいらっしゃいます「知る権利ネットワーク関西」の江菅さんが、安威川ダムの情報公開訴訟を起こされました。安威川ダムの調査結果に関するデータは、その安威川ダムを作るかどうかの意思決定に関わる「意思決定過程情報」というよりは、客観的な科学的なデータにすぎない。それを公開したからといってダムを作るかどうかという意思決定の支障にはならない。だから当然公開してよい――こういう主旨の判決が大阪高裁で下され、さらには最高裁でも認められました。これが、日本の情報公開法を作る上で非常に画期的な判決になったのです。（大阪高裁平成六年六月二九日判決・『判例タイムズ』八九〇号八五頁、最高裁平成七年四月二七日判決・判例集未登載〔自由人権協会編『情報公開条例の運用と実務（上）増補版』（信山社、一九九九年）二四五頁〕

■画期的だった大阪府水道局食糧費の情報公開訴訟

情報公開法というのは、開示請求された行政文書は、法律に規定された不開示情報を除いて公開してよいのだ、という原則に基づいています。知る権利――まさに「知る権利ネットワーク」ですが――が原則として国民側・市民側にあるので、それを非公開にするには個別具体的に非公開の理由を証明しないといけない。画期的だったのは、大阪府水道局の食糧費の情報公開訴訟において、その立証責任が自治体、大阪府の側にあるのだという判決を、最高裁の第三小法廷が下したのです（最高裁平成六年二月八日判決・民集四八巻二号二五五頁）。

当時、最高裁の第三小法廷は、非常にリベラルな人達が集まったところでした。大野正男さんという、国鉄労働組合の弁護団をやっていた方と、中村稔さんという、高名な詩人でもある弁護士。この二人のどちらを入れるかということで、いろいろ弁護士会で根回しをして、最終的に大野さんを推薦したということでした。

その大野さんが、最高裁判事を辞められてから、この情報公開の判決のことを述懐しておられたのですが、あの時は「証明責任の分配の理論」でないと市民側は勝てないだろうと。情報公開制度というものは、原則として市民に知る権利があり、それを例外で非公開にするのは自治体の側。なので、自治体側が公開による不都合を証明しなければ、原則どおり公開とすべきである。その「証明責任の分配」をはっきりさせたというところで勝負したのだ、とおっしゃっていたのです。まさに、今日の情報公開制度にも受け継がれる、非常に良い判決を出していただいたと思っています。市民オンブズマンの方々がされていた、大阪府水道部の公金支出情報公開請求訴訟ですね。大阪府水道部の接待交際費が問題となった訴訟です。表の予算から裏予算に組み替えて、いろんなところで出費するという、大阪府水道部の実態がつまびらかになったのですが、一番の極めつけとなったのは「ナイトラウンジユウコ」の領収書。大阪府下くまなく調べても、「ナイトラウンジユウコ」というお店はないのです。なぜか水道部にそういう領収書があるということが、情報公開請求で判明したということです。そして、それを公開したら不都合になるかどうかは、大阪府がそれを証明しないと駄目だということで、最高裁が判決を出しました。時代は平成の最初の頃でしたね。

二　情報公開法の立法に携わる

■行政改革委員会の事務局長の打診があったが……

そして、その後国においても立法化に向けて具体的に動くこととなりました。自民党・社会党・新党さきがけの連立政権の時代です。

その時に総理府（現・内閣府）の行政改革委員会ができ、そこで情報公開法の法制化の検討を進めることとなったのですが、私にその事務局長をやらないかという打診が来たのです。

その頃は、今でいう任期付公務員制度や政策秘書制度はなく、弁護士を辞めないとそういう国の役職を務められませんでした。そこで、家族に相談して、最終的に引き受けます、と返答しました。

ところが、橋本龍太郎通産大臣（当時）が「さきがけは変な奴を推薦しようとしている」と言ってきて、私を事務局長に選任する案を潰しにかかったのです。これは初めてご披露する裏話で、誰も知らないと思いますが（笑）。

そういうこともあって、私自身は弁護士を辞してでも事務局長として法整備に携わっていこうと決意していたのですが、結局それは実現しませんでした。そこで、外野からでも良いものを作っていこうと。ちょうどその頃日弁連も、情報公開法を作ろうということで一気に盛り上がっていた時期なので、日弁連で情報公開法制定の委員（情報公開法・民訴法対策本部委員）という立場をさせていただきながら、法律を作る運動をやってきたのです。

■行政文書の範囲――東京都モデルか、神奈川県モデルか

情報公開法の2条に、「行政文書」という規定があります。法整備に当たって、一番の争点となったのはこの「行政文書」の対象範囲をどう定めるか、という点です。

役所の中にも様々な文書がありますが、「どの文書を情報公開の対象にするのか」というのが、国民なり市民の権利がどこまで及ぶのかの基本になります。で、二通りのパターンがあったのですね、

その当時は。

大阪府や神奈川県の条例では対象範囲を広く定めており、たとえば会議で配られた資料なども情報公開の対象に含めていました。一方、東京都では、鈴木俊一知事（当時）という、元官僚で自治事務次官も務めた知事が「東京都公文書公開等条例」を作ったのですが、これがかなり手堅い内容でした。それは、「決裁供覧」をした文書しか情報公開の対象としないというものだったのです。

みんなで見て、みんなでオーケーとハンコを押す。これが「決裁供覧」です。そして、たとえばこの部屋の中に「決裁供覧簿」というファイルの入ったファイル庫があるとしますね。そのファイル庫に保管される文書は「決裁供覧」を経たものだけ。そのファイル庫の中の「決裁供覧文書」だけが情報公開の対象になるというのが、東京都の条例なのです。たとえば、このような会場で配られた会議資料などは全く対象にはなりません。

先ほどお話しした、政府の行政改革委員会――私が事務局長案を見送られた――で、東京都と神奈川県、それぞれの情報公開条例を視察に行きました。その結果、神奈川のほうが情報公開の対象の枠が広いから、こっちで行こうということで決まりました。

具体的にはこの2条2項になります。神奈川県条例を参考にした部分は「行政機関の職員が職務上作成し、又は取得した文書」。これを根拠に、神奈川県の条例では、行政機関が管理しているもの全部が公開対象になったのですね。国でもそれを参考にしました。つまり、東京都のように「決裁供覧」を経た文書しか情報公開の対象にしないという話ではない法律が、この情報公開法なのです。

三　情報公開法のポイント――「組織共用文書」

■「組織共用」とは何か

もっとも、対象をできるだけ広げるといっても、個人のメモまで全部はき出しなさいというと、萎縮してメモすら作らなくなるかもしれません。なので、みんなで配ってみんなで見たら、これは組織として共用したものになるから、その範囲ではちゃんと出しましょうということで線引きをしました。それが、情報公開法2条2項の「当該行政機関の職員が組織的に用いるものとして、当該行政機関が保有しているもの」の規定です（後掲レジュメ②）。

行政文書を「組織的に用いる」とはどういうことでしょう。これについては、次のところに定義があります。作成段階では個人メモとして作られたものであっても、その後、業務上の必要性の観点から、組織で共用され、文書として保有される状態になっていれば、行政文書として公開対象となるのです。だから、引き出しに入れてしまって誰にも渡せないようにするとか、電子データなら自分のパソコンの中で、自分のパスワードでしか開けない、そういうところに置いて、他の人には一切転送しないという管理をしていれば、個人メモという扱いにしようという、そういうルールにしています。

電子データは、メールで送ったら紙で配ったのと一緒ですから、それは組織的に用いたということになります。ですから、電子メールは基本的には全部情報公開法の対象になるわけです。

この「組織共用」がクローズアップされたのが、加計学園の一件です。同学園理事長の親友である安倍首相の関与によって、獣医学部新設に特別の便宜が図られたのではないかという疑惑ですね。

■「総理のご意向文書」も行政文書になる

文部科学省の前川喜平事務次官（当時）が、文科省としては獣医学部の設置というのは、「石破四条件」（「『日本再興戦略』（改訂２０１５）」の閣議決定」、「既存の獣医師要請でない構想が具現化し」、「ライフサイエンスなどの獣医師が新たに対応すべき分野における具体的な需要」、「既存の大学・学部では対応が困難な場合」、「近年の獣医師の動向も考慮しつつ、全国的見地から本年度内に検討を行う」という四条件）に基本的に合致しないだろうから、認めなくていいという判断をしている。これに対して、内閣府の国家戦略特区のほうでは、とにかく作るのだということで、半ば一方的に決定して、文科省に対して「決定したからその手続きをやれ」という形で、獣医学部ができる流れになります。

その後、「総理のご意向」と記載された文書の存在が報道されました。それに対して、菅義偉官房長官（当時）は二〇一七年六月十六日の参院予算委員会で「総理のご意向文書」についての質問に対して「怪文書らしきもの」と発言しました（後掲レジュメ⑬）。

しかし、官房長官も一人ではそんな発言できませんよね。事前にこういう形で、と官房長官に報告が上がっているはずです。実は、内閣官房の中に「怪文書らしきもの」と官房長官に言わせたグループがあるのです。

ちなみに、内閣府には、このグループとは別に、内閣府公文書管理課というのがあります。ここはなかなか、そういう時に意見を聞いてもらえなかったグループで、私が外で、テレビに出たり、ラジオに出たりすると、私のほうに話が来る、そちらのほうのグループなのです。ともかく、もう一方の内閣官房のグループによって、「総理のご意向文書」などというものは存在しないということにされてしまいます。

ところが、この「総理のご意向文書」、実際には文科省から内閣府に出向している職員が作って、文科省に渡して、事務次官が持っています。転々としていますね。つまりこれが「組織共用文書」なのです。一人で抱え込むのではなくて、誰かに渡したらもうその時点で「組織共用」になるのだということです。

この「組織共用文書」というものが、公文書管理の一番大事なところで、組織で共用された時点で情報公開の対象となるということを、まずは押さえていただきたいと思います。

■「取得」の国際ルールを定めた「マドリード原則」

ところで、情報公開法2条では「行政文書」の定義として「行政機関の職員が職務上作成し、又は取得した文書……（略）」と定めています。最近のトピックを挙げると、この「取得」のところがちょっと問題になりました。

何かというと、「平成」の元号を決めた時の文書が昭和六二年から六三年にかけて存在しています。それを、今度平成から元号を変えようという際に、事務を所管していた内閣府が当時の文書を探して、二〇一三年に見つかりました。そして、同年にファイリングしました。その文書を毎日新聞が情報開示請求したところ、そのファイリングした翌年の二〇一四年から起算して、三〇年後の二〇四四年までは開示できないと、そういう取扱いにしたのです。

二〇一八年の十二月に毎日新聞の記者が来て、それはおかしい、そんな取扱いでいいんですか？と聞くので、いいえ違いますよ、と答えました。文書は作成した時が起算日なので、平成の元号を決めた昭和六二年、六三年の時点で作成しているはず。民間など外部から移管された文書ならその時が起算点になりますが、作ったのは昭和六三年だから、もう、平成三〇年になったら三〇年経過ということで、請求にかかわらず公開すべきなのです。

この三〇年という単位は、公文書管理の世界では非常に重要で、「三〇年ルール」というのが国際的に決まっています。いったん秘密に指定したとしても、三〇年経ったら秘密指定を解除しなければいけないというルール――スペインのマドリードで決めたので「マドリード原則」と呼ばれています。これが公文書管理の国際常識なのです。

アメリカのクリントン大統領の時代には、この「マドリード原則」から前倒しして二五年で大統領命令による秘密指定をいったん解除して公開することとしています。イギリスではブレア政権の時代に、イギリスの閣議の議事録は二〇年ということで、三〇年ルールをさらに前倒しにして公開する運用をしています。当時、イギリスでは、サッチャー首相とある大臣との閣議におけるやりとりが問題になりました。閣議でそんなこと言った言わないという話になると混乱するので、もう二〇年経ったら公開するようにしないと、三〇年後だと長すぎて情報の価値が死んでしまうから……ということで、三〇年を二〇年公開に変えたのです。

ともかく、基本は三〇年というのが、国際的な原則です。これが行政文書の公開のところで大事なことだということで一旦押さえてください。

■「組織共用」という要件が抱える問題

「組織共用」が情報公開のポイントだという話をしましたが、実は、情報公開法を作る時に、「組織共用」という要件なんか要らないのでは、と議論しました。神奈川県の情報公開条例の要件と一緒でいいからもっと広げろと。個人メモなんて言ったら、絶対に「これは個人メモです」ということにされて、もう出さなくなるだろうと。

この典型例が、学校の職員会議の会議録ですね。条例制定以前は校長が指名した職員が、結構細かい会議録を作っていました。ところが、情報公開条例の対象になった途端、「これは個人メモです」ということになってしまい、正規の会議録は要約したもので、不都合なものは一切書かれなくなってしまいました。

「組織共用」という要件は、実はこういうところに問題をはらんでいるのです。個人メモだけ除いてできる限り広く対象にしようという話になるべきところが、実際にはそうはならなくて、できる限り「組織共用」でない文書を作るようになってしまったのです。

そういうことがずっと続くようなら、いっそ「組織共用」という要件を外すべきだという話になってくるわけです。後でもお話ししますが、「行政機関の保有する情報の公開に関する法律の一部を改正する法律案」（以下「情報公開法改正法案」という。巻末資料二〇七頁）でも、そういったところが争点になります。

第三章　公文書管理法の制定

一　自民党政権下で検討された公文書管理法

■政府の懇談会委員として公文書管理法の制定を求める

そのように、情報公開法の立法化を検討している頃は、私も外野にいながら、もっと公開度の強い法律を作れということを言い続けていました。そんな私に、その後、政府から公文書管理法の立法化を検討する委員をやれという話が来ました。二〇〇三年のことです。

なぜ公文書管理法を作ろうという話になったかというと、まず情報公開法ができて、情報公開ができる制度が整いました。しかし、情報公開法の中では、原則公開ではありますが、都合が悪い情報は非公開にできる余地がかなりあります。個人情報や企業情報、行政の運営に支障のある情報、防衛外交上支障のある情報、刑事司法手続きに係る文書……こういうものを、「不開示情報」（法5条）として定義して非公開にできるのですね。

ところが、非公開とされた文書も、保存期間が終了すると、その後は国立公文書館に移管されます。国立公文書館は情報公開法の対象外になるので、全部公開しますというルールに変わります。すると、もともと非公開だった情報を全部出されるのは困るというので、政府の各府省庁では、保存期間が切れた文書も非現用文書として国立公文書館に渡すことをしなくなってしまったのです。

情報公開法が施行されたのは二〇〇一年。その間に省庁の再編もありまして、大量の文書が廃棄されてしまい、国立公文書館に移管される文書がありませんという話が出てくるのです。これは困ったということで、私にまず、政府の「国立公文書館有識者会議」の委員になってくれという話が来ました。

それから、二〇〇三年五月に「歴史資料として重要な公文書等の適切な保存・利用等のための研究会」というのを内閣府官房長の主宰で作るから来てくれということになりました。国に対して外部から口うるさく言ってきた私が、何だかよく分からないうちに国の会議にも顔を出すようになったのです。

そして、その内閣官房の研究会は、その半年後（二〇〇三年十二月）に、福田康夫官房長官主宰の「公文書等の適切な管理、保存及び利用に関する懇談会」に受け継がれました。その二年後、二〇〇五年に「公文書ルネッサンス」と題する報告書を作ることになります。

その頃、情報公開法の中には、公文書管理はちゃんとやれという努力義務だけが条項にあったのですが（制定時の情報公開法22条1項）、私は懇談会の中で、それだけでは不十分だ、公文書管理法を作れとずっと言い続けていました。最初は全く相手にされず、当初の報告書案にも入っていなかったのですが、二〇〇五年の報告書には何故か、最後に「公文書管理法制定を目指す」という文言がふっと入ったのです。はて、誰がこれを入れたのだろうと思いました。

■福田康夫総理大臣の公文書管理法制定への熱意

昨年（二〇一八年）、関東弁護士会連合会というところで、公文書管理のシンポジウム（「未来への記録──自治体の公文書管理の現場から」）を開催しました。その最重要講話として、公文書管理法を提案された当時の総理大臣である福田康夫元総理のところにインタビューの取材に行って、官房長官だった時に研究会を発足された当時のいきさつや事情をお聞きしたのです。総理、どういう経過で公文書管理法を作られたのですかと。

その時にお話しになっていたのは、官房長官の頃よりもっと前、父である福田赳夫さんの秘書をやっていた頃ですね。群馬県前橋市にある共愛学園という学校の百周年の記念誌を作るので、前橋の戦前の航空写真が欲しい。どこか手に入りませんか、と相談されたそうです。で、日本国内で探しても見つからないので新聞記者に聞いたら、アメリカの国立公文書館ならあるかも知れませんと。そう言われたので、アメリカに行った時にワシントンにある国立公文書館に立ち寄られたのです。

ワシントンの国会議事堂の並びにある大きな建物が、アメリカの国立公文書館です。アメリカ独立宣言の原本も保管・展示されており、この建物が爆撃でやられても、独立宣言が自動的に地下七階まで下がるようになっているということです。

そのアメリカの国立公文書館を福田さんも訪れて、アルファベットで「maebashi」とキーワード検索をしたら、二〇枚ぐらい写真が出てきたと。で、まあアメリカというのは凄い国だ、たかが日本の地方都市の写真までこうやって保管しているのかと驚かれたそうです。

その頃のアメリカの国立公文書館には、約二五〇〇人のスタッフがいました。翻って、日本はどうなんだと、日本の国立公文書館に尋ねたところ、約七〇名だという話でした。東京の竹橋という、皇居を出たところに国立近代美術館があります。その横に、ちょっと小さな建物があります。これは近代美術館の分館ではありませんからね（笑）。そこが日本の国立公文書館です。展示も貧弱で十分でないですね。ぐるっとまあ、一階で三、四〇メーター回るぐらいの面積しかありません。

私自身も、一九八九年にラルフ・ネーダー氏が来日する一年前の一九八八年に、アメリカの国立公文書館を見に行ったことがあります。全米に一五箇所の大きな倉庫があって、どんな文書もいっぱい保存して、記録が山積みになってます。対して、日本はその竹橋の小さな建物で、分館がつくばにありました。この二箇所で運営しており、当時でスタッフが約七〇名ぐらいという話でした。今はようやく一五〇名ぐらいになりましたが、アメリカと比べると全くもって規模感が違います。

で、当時の福田官房長官も、日本の国立公文書館をもっと整備しなければいけないなと考えているうちに、公文書管理法というのが要るのだということが分かったのだとおっしゃっていました。それで、その懇談会が作成した報告書「公文書ルネッサンス」にも、「公文書管理法の制定」を提言に入れてもらったのだという話につながってくるのです（関東弁護士会連合会編『未来への記録――リスクを回避するための自治体の文書管理』（第一法規、二〇二〇年）六頁［福田康夫元総理へのインタビュー］）。

■急に報告書に盛り込まれた「公文書管理法制定」の提言

私は当時、国の会議の場で一所懸命「公文書管理法を作るべきだ」と言っていて、日弁連でもずっと口すっぱく言い続けてきました。最初は全く聞く耳を持ってもらえなかったのですが、それが何か知らないうちにこの報告書に盛り込まれていて、あれ何でかな？　と実はずっと思っていたのです。

その途中で、官房長官が福田さんから安倍晋三さんに交代します。最後の一、二年は安倍さんに代わられて、そこで公文書管理はいったん沙汰止みになるのですが、その後、第一次安倍政権が倒れた後、福田さんに突然総理大臣のポストが回ってきます。そして、ちょうどその時に「消えた年金問題」――年金のデータが全然整理されていないという問題――が起きたのです。

それから、もう一つはC型肝炎の患者さんの、どこの病院でどういう治療を受けたのかということについて、厚生労働省が集めていた資料がどこにあるか分からないという問題が起こりました。いろいろ探してみたら倉庫から出てきたのですが、その問題をきっかけに、いったい日本の公文書管理はどうなっているんだという話になった。そんな背景から二〇〇九年に制定されたのが、この公文書管理法なのです。

ようやくたどり着きましたけど、この公文書管理法は、当時福田総理大臣が積極的に提言されてきました。この間、上川陽子さん――去年（二〇一八年）には法務大臣をやって死刑執行、さらにはオウム事件のすべての刑事裁判記録の国立公文書館への移管方針の明示などに関わられた（本書二七頁参照）――が、初代の公文書管理担当大臣ということで、この法律を作るために研究会を立ち上げて、提言を受け、それでようやくこの法律ができる運びとなったのです。

■公文書管理法を作ったのは麻生総理だった？

ただ、法律ができる頃には、福田さんは「もう総理大臣なんかやってられない」といってお辞めになって、麻生総理大臣に代わっていました。だから、この法律を作ったのは、実は麻生さんなのです。二〇一七年三月一日のことです。テレビを付けたら、ちょうど参議院の予算委員会をやっていたので観ていました。まあこれも偶然といえば偶然ですよね。

森友学園の国有地売却問題で、国有地売却の交渉記録を求める野党の質問に対して、政府参考人として招致された佐川宣寿・財務省理財局長（当時）が「決まりました売買契約書等は全て保存してございますが、途中経過の面会のやり取り等については、そこは残っていないということでございます」と答弁しています。そして、安倍総理大臣は次のように答弁していました。

「ないものを証明するのは言わば悪魔の証明と言われているわけですよ。つまり、……（中略）調べようがないじゃないですか」

「悪魔の証明」というのは、私たち弁護士などの法律家が、裁判で自分の有利なことを言う時よく使う言葉です。存在していることなら証明できるのですが、ないものというものを証明するためには、場合によっては、これはあるかもしれない。でもありえない。これもあるかもしれない。でもありえない……と、「あるかもしれない」可能性をぜんぶ潰さないと「ない」ことの証明にならない。これを悪魔の証明というのですね。だから、「ある」ことの証明と「ない」ことの証明は、それだけレベル感が違うのです。

その言葉が安倍さんも頭の中にインプットされているのですが、情報公開法というものは、基本的に役所が説明責任を果たす法律です。この情報公開の請求をしたら、ちゃんと出さなければいけない。国会議員だって国政調査権（憲法62条）がありますから、これに対し、政府には説明責任がある。それなのに、政府の側が本来「悪魔の証明」などという言葉を安易に使ってはいけないのです。

私が「公文書等の適切な管理、保存及び利用に関する懇談会」で委員を務めていた頃、これは官房長官付きの研究会でしたから、当時の安倍官房長官も一応見に来られていました。福田康夫官房長官の頃は、一時間ぐらいいちゃんとご自身で懇談会に出てですね、一所懸命聞いてらっしゃいましたが。なので、安倍総理の頭の中にも、公文書管理というものが一応入っていることを期待していたのですが、テレビの国会中継を観ていて「安倍総理は公文書管理のことが全然分かってないのではないかな」と思ったものです。

ちなみに安倍総理の席の横には、麻生財務大臣がいらっしゃいました。繰り返しますが、麻生財務大臣は、二〇〇九年の公文書管理法制定当時の総理大臣なんですよ。ここ、とても大事なところなのですが（笑）、あたかも自分が作ったことを忘れていらっしゃるかのようでしたね。

二　公文書管理法のポイント―「経緯」「保存期間」―と森友学園問題

■法案の途中で「経緯」を盛り込んだ、公文書管理法4条

二〇〇九年、いよいよ法案を通すという話になった時に、福田康夫・元総理大臣が――総理大臣を

辞めた直後でしたが――何とか法案を通したいというので、野党のほうからも良い案があったら持ってきてほしいという話がありました。

それで、ちょうど日弁連や第二東京弁護士会のほうでも公文書管理法案修正の提言をしていた折だったので、いくつか政策提言を持っていきました。その時の一番のポイントが、公文書管理法４条の「経緯も含めた意思決定に至る過程」も対象とすべき、というものでした。

ところが、当初の法案は、その後ろにある「……並びに当該行政機関の事務または事業の実績を合理的に後付けまたは検証することができるよう」、この文言だけで、「経緯」は入っていなかったのです。

我々は、行政機関の事務や事業の実績を合理的に後付け、検証できるというだけでは、途中過程の文書を消してしまうではないか、それはおかしいと主張し、公文書管理のあり方などに関する有識者会議最終報告（「時を貫く記録としての公文書管理の在り方」～今、国家事業として取り組む～）の中にも、「行政機関における経緯も含めた意思決定に至る過程」も残すべきだという提言を盛り込んでいました。ですから、当初の法案は報告書の内容から後退しているではないかという話をしたのですね。それもあって、途中で「経緯も含めた意思決定に至る過程」という条文が入ったのです。

具体的には、４条1号に「法令の制定または改廃」とありますね。この条文の後ろに「法令の制定または改廃及びその経緯」と。それから4条2号「……閣議、関係行政機関の長で構成される会議又は省議（これらに準ずるものを含む。）の決定または了解及びその経緯」について。4条3号「複数の行政機関による申合せ……及びその経緯」について。4条4号「個人または法人の権利義務の得喪及びその経緯」。全て「経緯」を法案修正として入れたのです。

そして、この「経緯」を入れたことが、後々の森友・加計問題で効いてくるというわけです。

■森友問題で明らかになった「一年未満廃棄ルール」

この森友学園への国有地売却問題ですが、二〇一七年の二月中旬頃から、国会で佐川局長が「記録にない、記憶にない」という答弁を繰り返していましたね。

この国有地の売買契約は、平成二八年六月二〇日決裁。決裁で契約書を結ぶことが決まったので、売買契約書は保存していますが、それまでの文書はすべて交渉過程の記録だから、一年未満の保存文書として廃棄してよいとされています。なので、廃棄したからもうありません。これが佐川局長の答弁だったのです。

この「一年未満は全部廃棄してよい」というルールを一体誰が決めただろうということになります。これについては、当時、財務省が国会議員を回って配っていたペーパーがあります。公文書管理法の施行令というものの「別表」の中で、これについては何年保存、これは何年保存、と定めています。そして、別表に定めるもの「以外」は一年未満とするという、そういう細則を、財務省が決めていたわけですね。公文書管理法にもとづくガイドラインにしたがって、重要文書は三〇年、一〇年、五年、三年、一年と、保存すべき文書のリストがあります。しかし、それ「以外」は全部一年未満にしてよいということで、財務省などの役所は通してしまったということです。

この公文書管理法ができた後、ちょうど民主党政権になりました。これまでは情報公開や公文書管理について外野からいろいろ要求してきたのですが、その私に、政府の公文書管理委員会の委員をやれという話が来ました。

私は、公文書管理委員会の委員に就任してから、どの文書の保存期間を何年にするかという、そういうリストまで、各省庁の規則を細かくチェックしていました。だけど、「それ以外は一年未満にする」という細則の存在までは、当時の公文書管理委員会には上がっていなかったのです。

役所が自分達で「一年未満」と決めた文書は自由に処分してよいなんていうルールで運用していたとは、当時の公文書管理委員会の委員は誰も知らなかった。それが、二年前の、この佐川局長の答弁で初めて明らかになったということです。

■「記憶にないとか記録にないなんて言ってたら首が飛ぶ問題ですよ」

先ほど言ったように、公文書管理法は、福田総理大臣が辞めた後、与野党でもっと良いものを作ろうと言って、その「経緯」まで対象に含む形にしました（後掲レジュメ③）。ところが、官僚側は、三〇年、一〇年、五年、三年、一年と保存期間を決めた文書はちゃんと残しましょう。でもそれ以外は一年未満で全部廃棄していいですよと、そういうルールで運用していたということが実に分かったのですね。

さすがにこれはひどいなという話になってくるのですが、やはり公文書管理法に「経緯」を入れたのが良かったと思いますね。私自身もこの「経緯」を入れることについて、当事者として関わっていたからこそ、売買契約の交渉記録を廃棄した財務省の取扱いについて、文句が言える立場にありました。

そこで、毎日新聞の青島顕記者に相談をして、毎日新聞のオピニオン欄（二〇一七年三月二〇日）に「財務省一年未満、専門家は五年」という記事を書いてもらったのです。

直後に、その記事をみて、ＴＢＳの「報道特集」の取材が来ました。「財務省は一年未満で廃棄してよいと言っていますが、違うのですか」と聞くので、「財務省は一年未満の文書と言うけど、売買契約ができたらその間の交渉文書は全部廃棄してよいというのはおかしい」と答えました。そして、この公文書管理法4条を参照して「これは公文書管理法の4条違反ですよ。局長なんか、記憶にないとか記録にないなんて言ってたら首が飛ぶ問題ですよ」と言ったのです。

その後三月二六日の「報道特集」で、籠池理事長のインタビューが三〇分ほどあり、その間に、公文書管理の問題ということで、私のインタビューが五分ほどオンエアされました。それが視聴者の皆さんにウケたようで。

■インタビュー動画の再生回数が一日で四万六千件に!

私もフェイスブックをやっているのですが、自分で見ていたら「気になることを動画で見る」というタイトルで、テレビの映像が流れてきたのですね。観ていたら自分の顔が出てくるのですよ。TBSの「報道特集」の映像として。その再生回数、――何人が再生したのかというと、なんと四万六千件と出たのです。

同じ日に見た中で多かったのが、プロ野球・北海道日本ハムファイターズの大谷翔平選手（現ロサンゼルス・エンゼルス）が大リーグに行く前の最後のシーズン、開幕戦二試合で二試合連続ホームランを打った時の映像で、その再生回数が四万件。大谷翔平選手と比較して、ああ私は勝っちゃったんだと（笑）。一日に四万六千件というのは、それだけなかなかないことなのです。

国民の中にも、それだけ「記録にない、記憶にない」発言に対して、何かモヤモヤとしていたものがあったのでしょう。それで、私のインタビューがストンと受け入れられたのではないでしょうか。

ツイッターでも、九州大学の私の友人が、三宅という人間が何か話しているといってワイワイ騒がれてるよとメールしてきまして。確かにツイッターを見たらたくさん出てきました。そこまでいろいろと話題になったのです。だけどそこまで評判になって、ようやく公文書管理法というのが初めて、世の中の注目を集めるわけです。

私自身、二〇〇三年から公文書管理法の制定に関わってきて、法律ができてからも運用ルールのあり方について地道に取り組んできました。およそ弁護士でやっていたのは私だけです。だからこそ、インタビューの際にも自信を持って、公文書管理法違反だと言えたのです。

■国有地売買の交渉記録は最低でも五年保存

森友学園との、一〇年間の分割払いで代金一億三四〇〇万円、八億円の値引きをしたという財務省の売買契約書がありましたね。

一〇年間分割払いで、年に一三四〇万円、地代に相当するものを一〇年間払ったら自分のものになります。ですから、これは明らかに「個人又は法人の権利義務の得喪の経緯」に関わる文書で、国の予算の歳入歳出に関わります。財務省が自分たちで作った、文書の保存期間を定めた「行政文書管理規則」の別表でいうと最低五年。会計検査院の検査を受けるために、最低五年保存の文書になるのです。

売買契約書自体は決裁文書です。これはもうここ（別表）に「三〇年」と書いてあります。これは公文書管理法を作ったときにレコードスケジュール（保存期間）として、この文書は三〇年保存しますというのが決まっているのです。それ以前に、国が森友学園に一時期貸していた時期がありますが、賃貸借契約は決裁文書で一〇年保存になっています。

公文書管理法ができて、決裁文書としてはちゃんと公開されているのですが、交渉記録については全く公開されず、一年未満で自由に捨てられるのが実態でした。でも、トラブルがあって弁護士も出て行って交渉していたという文書ですから、我々法律家から見たら、いくら売買契約をしたといっても、もし途中で詐欺だとか錯誤だとかと言われて取り消されたら、途中に必要な文書として証拠で出さなければならないのです。それを、契約書ができたらあとは全部廃棄してよいなんて、およそ考えられませんよね。だからおかしいということで、その根拠となる条文が、この公文書管理法4条だったのです。

今振り返れば、公文書管理法の制定時の法案修正で、一所懸命良い法律を作ろうと頑張って良かったなと思っています。私も長いこと弁護士の活動をやってきましたが、自分の人生で一番良いことをやったのではないかなと（笑）。

三　公文書管理法の残された課題

■年間二百数十万件の文書を内閣府がチェックできる?

財務省の森友学園問題はこの一年未満の保存期間に問題があって、加計学園の問題は先ほどもお話しした「総理のご意向文書」。ついでに言うと「レク資料」の存否の問題もありましたね。愛媛県の職員が、柳瀬唯夫首相秘書官（当時）と官邸で面会した時の報告伺いという書面が、愛媛県には残っているけれど内閣府にはないという。

これもやはりおかしいのですね。この内閣府の文書は、複数の行政機関による申し合わせとか、認可基準の設定などに関する「経緯」を記録したものです。なので、これも先ほどの森友問題と同様、「経緯」に関わる文書として、本来は内閣府でもちゃんと残しておかないといけない文書だということになるのです。でも、そういうことをやらないで済ませているというところに、何か疑問が残る決定手続きだったということが言えると思います。

それから公文書管理法の中では、もうひとつ文書保存のための手当てをしています。公文書を廃棄しようとする時は、あらかじめ総理大臣と協議をして同意を得ないと各省庁は廃棄できないと（8条2項）（後掲レジュメ④）。だから、三〇年、一〇年、五年、三年、一年と保存期間を決めた文書は、総理大臣に報告を上げて、実際は内閣府の公文書管理課がチェックをすることになっています。だけど、政府全体で決裁文書が年間二百数十万件ぐらいあるのです。そんな膨大な公文書を、その公文書管理課の約二〇名のスタッフで、廃棄に同意するかどうかどうやって判断しますか。それが日本の公文書管理のお寒いところなのです。

先ほど話したアメリカの国立公文書館は、NARAという略称です。ナラ。奈良県の奈良だと思ってもらえれば（笑）。NAはナショナルアーカイブス（国立公文書館）で、後ろのRAはレコードエージェンシー、記録管理局という、それがくっ付いています。だから公文書の管理をすると同時に、アメリカの連邦政府全体の記録の管理も行っています。そこでは、これこれを保存しろということを、市民が申立てもできるような、そういう手続きになっています。が、日本の場合はなっていません。

せいぜい、「行政文書ファイル簿」というのがありますから、そこのタイトルを見て、それが保存期間何年かを見て、それが廃棄されるようになりそうな時に残せと言うくらいのことしかできませんが、そんなことすらとてもフォローアップできません。そこに関しては運用が可能な制度をちゃんと作れと前から言っているのですが、そんな煩わしいことはとてもできないという話にまだなっていて、保存、管理、廃棄のところのルール化はできていません。ですから有名無実になってしまっています。

なおかつ、先ほど言ったように、三〇年、一〇年、五年、三年、一年まで保存期間が決まっている文書以外に、一年未満で廃棄されている文書が大量にあったわけですが、そこには全く関わらない。そこは役所で勝手に捨てていい、という運用の実態が明るみに出たのが、森友問題の大きなポイントでした。

■決裁文書改竄から見えてきた、公文書管理法の課題

その問題に対して、私も一昨年（二〇一七年）の十二月までに、内閣府の公文書管理委員会で、これからお話しする「行政文書の管理に関するガイドライン」の見直しなど、いろいろ改善に取り組んできました。

ところが、二〇一八年の三月二日に、朝日新聞のスクープ記事によって、今度はこの売り渡し決裁文書の改竄問題が出てくるわけです。（後掲レジュメ㉑）

この改竄については実はもう、我々公文書管理委員会でも手当てができなかったところなので、今、電子決裁という形で改竄ができにくい制度を作ろうとしています。私はもう二〇一八年七月五日で、八年間務めた公文書管理委員会の委員を辞めることになりましたので、今は後任の方がそこをやっています。

もう一つ、公文書管理についての不祥事があった時は、内閣総理大臣への報告をして、内閣総理大臣が調査をすることになっています。しかし、去年の森友問題は全て財務省に委ねましたね。やっぱり自分で自分の奥さんのことを調べるのはなかなか、総理大臣としてはできないということで、みん

な忖度をして遠慮して、やらせなかったのだと思います。

私は公文書管理委員会委員の時に――東日本大震災の直後ですが――一年間、災害対策本部と原子力災害対策本部が議事録を作っていなかったという問題があって、第三者委員会として公文書委員会が指名をされて、議事録が何故できなかったのかというヒアリングを関係省庁全部やったのです。それは、第三者委員会の委員として出ましたから、最近の厚生労働省の不正統計問題で、（同じ厚労省の）官房長が代わりにやるというのとはちょっと違いますよ。第三者としてちゃんとやりました。その時の記録も未だに持っています。それぐらい、公文書管理委員会というところは、使いようによってはちゃんと活用できるところなのです。しかし、現政権は、公文書管理委員会なんかには委ねられないということで、改善策を即席で、一昨年の十二月に取りまとめてしまいました。

以上が、今回の森友問題の教訓であり、積み残しの課題ということになると思います。

第四章　実現しなかった情報公開法改正法案と特定秘密保護の動き

一　民主党政権下で情報公開法の改正に取り組む

■民主党の新政権からの相談

二〇〇九年以降の民主党政権下では、情報公開法の改正案を検討するということになりました。

民主党政権が発足した際、私は、仙谷由人行政刷新担当大臣（当時）から、新政権として何の課題をやればよいかと相談されました。衆議院選挙は八月にあったので、九月ぐらいに。そこで、情報公開法の改正がよいのではないですか、と進言しました。

ではそれをやろうということになって、当時の小沢・鳩山体制からは少し距離を置いていた枝野幸男さんが座長になって、情報公開法改正案検討のチームを作りました。その後、行政透明化検討チームという、情報公開法改正の提言をする委員会ができ、私が座長代理になりました。

通常、政府の委員会の場合、だいたい役人が報告書をまとめますよね。ところが、まとめきれないと言うものですから、この時の政府報告書は私一人で全部書いたのです（本書一四三頁）。その経緯は、拙著『原子力情報の公開と司法国家』の中で残しています［巻末資料「情報公開制度の改正の方向性について」に関する論点整理（三訂版）］。

そのような経緯で情報公開法改正法案を作ったのですが、三・一一東日本大震災の後、災害対策のためのいろんな立法を優先的にやらなければいけない事態となりました。それを待っているうちに、改正法案は廃案になってしまったのです。そして、その後の衆議院解散で自公政権に交代し、お蔵入りになってしまいます。

■法案制定に向けて奔走したが……

その直前に、私も法案制定に向けて、いろいろ奔走したのです。その当時の自民党の議院運営の責任者が鴨下一郎さん。で、私の司法研修所の同期の山本有二さんという、高知から出ている衆議院議員に、ちょっと頼んでみてくれとお願いしました。それで、山本さんが鴨下さんに頼んでくれて、自民党としては、民主党がウンと言ったらいいよと言ってくれたのです。

そこで、今度は民主党に法案を通してほしいと頼みに行きました。ところが、当時は岡山選出の津村啓介衆議院議員が内閣委員会での審議対象となる法案選択の責任者だったのですが、いくら説明しても全然ピンと来ていないのです。情報公開法改正法案は、民主党政権の重要課題という共通認識にはなっていませんでした。

本当にあの時——菅直人総理大臣・岡田克也官房長官の時——に、最後にどの法案だけやるかという検討リストに入れてくれていたら、状況は変わっていたと思います。しかし、そこは上手くいかず、民主党政権が終わってから廃案になってしまいました。

なので、現行の情報公開法にはいろんな課題があるのですが、今も積み残しの課題としてそのままになっているのです。今後、チャンスがあったらもう一回やりたいなと思いますが、はて……生きているうちにできるかどうか分からないですね（笑）。でも、世の中どう変わるか分からないから、そのために準備はしておかなければいけないなとは思っています。

二　自公政権で浮上した特定秘密保護の動き

■日米安全保障政策を背景に出てきた特定秘密保護

そうこうして、情報公開法の改正法案が駄目になった後に、入れ替わるように出てきたのが、特定秘密保護法ですよね。

あの当時は尖閣列島の問題で、漁船を拿捕してそれから返す際に、秘密の扱いをどうするかという話がいろいろあって。先ほど、仙谷官房長官が情報公開法の改正案の検討をやらせてくれたという話をしましたが、秘密保護法についても、実は民主党政権時代に「特別秘密に関する法律案」というのを検討するのです。「特定秘密」ではなくて「特別秘密」ですね。それが民主党政権から自公政権に交代した時に、特定秘密保護法の法制定のほうに動いていくわけです。

戦前で言うと——戦前からの話というと変ですが——、昔は治安維持法や国防保安法、軍機保護法という法律がありました。たとえば地図などを持って基地で写真を撮ったりするとすぐ捕まるという。こういう話は映画などにもたびたび出てきます。私も、どこかの集会で講演した時に、大学教授の奥様が話しかけてこられて「私の夫は招集されて軍に行く時に、もう死ぬ前だからといって地図を持って長野の山へ登ったんだ」と。それがちょうどたまたまある基地の近くだったので、地図を買った時から尾行をされて。で、その地図をスパイに渡したという嫌疑で逮捕されたのですが、地図はたまたま部屋に置いてあった。で、結果、治安維持法違反にはならずに釈放されたのだと。そんな話をされたことがあります。

戦後、ポツダム宣言で治安維持法はもう駄目ということになって、一九四五年の一〇月に治安維持法は失効するわけですが、それ以来、まあずっと日本は平和だったのですね。

だけど、憲法9条を改正して、もうアメリカと一緒に地球の裏側まで作戦計画を一緒にしようという動きになりつつあります。もしも日本国ないし日本国民が存立危機的な状況になった場合には、という留保が付いてますが、その限りで日本も、カナダ、オーストラリア、イギリス並みに、アメリカと秘密を共有できるような国になるべきだと。アーミテージさんとかナイさんという、二〇〇〇年初期から日本の安全保障政策にいろいろ要求を持っていたアメリカの人達が、その頃から言い始めていたのです。

■秘密保護を司る人が公文書管理を司っている？

そこに、日本の警察官僚と外交防衛族の主要な部分の人達が、内閣の中枢に入って、特定秘密保護についてのセクションができるわけです。それと公文書管理課のセクションとは、同じ内閣府内でも別々です。先ほども加計学園問題の際に「怪文書」と言わせるグループの話をしました。その「怪文書」のほうはどちらかというと、この特定秘密保護のセクションの指示が重きを置かれているから、あのようなコメントが出てくるのだと私は思っています。

その特定秘密保護を扱う内閣府大臣官房のセクションに、秘密の在り方に係る「独立公文書管理監」というポストがあるのです。水戸の地方検察庁の検事正をやっていた人がその初代ポストに就いており、だいたい法務省のポストとなっているわけです。

今回の森友問題でいろいろあった結果、この独立公文書管理監が省庁全体の文書をチェックするということになりました。すなわち、秘密保護全般を司る人がイコール公文書管理全般を司る、という形になってきているのです。

ここが一番の矛盾点という……一応原則は、次にありますように（後掲レジュメ⑥⑦⑨）、秘密保護をちゃんとやるとしても、特定秘密の指定、情報公開法に基づく開示不開示の判断、文書管理等一連の取扱いを、同一の行政機関の長が、秘密の保護と国民への説明責任を果たすという観点から行うことが必要であるとされています。

特定秘密保護法の制定にあたっては、当時ものすごい反対運動に遭いましたから、「情報保全諮問会議」というものも作られました。その会議の初代の座長が読売新聞の社主の渡辺恒雄さんで、日弁連から清水勉弁護士も入っています。

情報公開法・公文書管理法と特定秘密保護法の関係をはっきりさせなければいけないのではないかということは、内閣府が取りまとめた特定秘密保護法についての逐条解説の中にも書かれています。そこで、文書の管理を今後どうしていくかが課題となります。

■特定秘密保護と、民主的な公文書管理とのせめぎ合い

二〇〇九年に公文書管理法が制定されて以降、各省庁では「行政文書ファイル管理簿」というものを作らなければならなくなりました。その際、その行政文書を容易に検索できるよう、ファイルのタイトル名はできる限り分かりやすく書きなさいという運用ルールにしています。

たとえば、ちょうどレジュメの真ん中辺り（後掲レジュメ⑧）にありますが、「Yプロジェクト関係文書」なんて言ったら駄目だと。「Yプロジェクト」と言われても何のプロジェクトか分からないですよね。それから「〇月〇日の電話連絡」、こういう表記も駄目。ちゃんと特定したタイトルを書きなさいとしています。これは行政文書を適切に管理しようという立場からの要請です。

これに対して、特定秘密保護の立場からは「タイトル名で秘密が分かってはいけない」という話になってきます。ここは非常にせめぎ合いがあるのですね。特定秘密保護と、民主的な流れをもたらす公文書管理とのせめぎ合いの中で、日本の公文書管理の運用ルールをどうしていくかというところが、いま大きなポイントになっているのです。ですから、国全体の文書管理は、日本の国防政策とか外交政策全体に関わるところから見直さなければいけない部分がまだまだあるのだということを覚えておいてください。

三　もう一度、情報公開法改正の議論を

■特定歴史公文書等不服審査分科会での開示・不開示の審査

冒頭でもお話ししましたが、公文書管理委員会の中には「特定歴史公文書等不服審査分科会」という分科会があります。この分科会で、公文書管理法上ここで利用拒否になった文書の開示・不開示の判断をしています。

対象となる文書は外務省にありますから、外務省は情報公開請求されると、まずは〃ノリ弁〃の一部不開示で出してくるのです。その〃ノリ弁〃で出てきた文書をパソコンでフォーマット処理すると、灰色で後ろが透けて見えるようになっています。そのような形でまず分科会に資料提供されるのです。分科会の委員はそれを見て、ここは出してもいいのではないか、と外務省の職員を呼びます。そうすると、分かりましたと言って、最初に全部〃ノリ弁〃、つまり全部不開示にしたところから、このノリの部分は取り除いて公開します、とやるのですね。

だから、分科会の答申書の段階で、最後に残った黒のところは、これを公開するとこれからの北朝鮮との平和交渉の上で支障があるから駄目だという箇所。結果、こういう結論部分しか残らないのですが、実は非公開の原処分の取消しという形で、実はそれまでの過程で、現場ではものすごく細かい作業をやってたくさんノリを開いているのです（本書八二頁）。情報公開法の分野だと、情報公開・個人情報審査会なども同じような作業をやっています。

■改正法案に入れていた、裁判所でのインカメラ審理

こうして私たちのもとに公文書が公開されるようになっているのですが、この点について、先ほどお話しした情報公開法の改正で実現できなかった残念な点があります。実は、裁判所は非公開文書そのものを見ることができないのです。

たとえば、日米地位協定のさまざまな議事録などは、それを公開すると防衛上の支障があるから開示できないとなるので、ものすごいノリが付いていて開示部分が極端に少なくなります。官房機密費なども、基本的に、支障のない大きなグルーピングのところだけはいいけれど、細かく見ることはできないですよね。

このような開示部分の少ない文書を見て裁判官が司法判断するのは大きな支障があります。そこで、私は裁判所における「インカメラ審理」が実施されることを提言しています（後掲レジュメ㉘）。

インカメラ、といっても写真を撮るのではありません。もともとインカメラとは「裁判官室」という意味です。アメリカの情報公開の裁判においては、裁判官が裁判官室で非公開文書本体を見て、ここを公開してよいかどうかという判断をしているので、別に法律がなくてもできるようになっています。これをインカメラ審理というのです。

ところが日本の場合は、公開法廷でそれをやるとみんなに公開されてしまうからそれはできない。一方で、裁判官室でやるというと、憲法82条の裁判の公開原則の規定に抵触するのではないかとずっと言われてきました。なので、一九九九年の情報公開法の制定時には、裁判所でのインカメラ審理は採用されなかったのです。

私は、先ほど述べた民主党政権時の「行政透明化検討チーム」において情報公開法の改正を検討す

る際に、インカメラ審理を盛り込む条文まで何とか作りました。「口頭弁論期日外証拠調べ手続」という条文（巻末資料、情報公開法改正法案24条）で、この憲法82条の問題ではなく、裁判官が裁判所の法廷を離れて、期日外に証拠の保全について審理する手続きと位置付けました。それを民事訴訟法とか情報公開法の中で入れてしまえばいいという、そういうロジックを組んだ情報公開法改正法案［資料］まで用意していたのです。

■一周遅れになってしまった日本の情報公開制度

二〇〇四年に、沖縄の沖縄国際大学に在日米軍のヘリコプターが墜落した事件がありました。当時、その情報公開請求があって、福岡高等裁判所で、これは民事訴訟法の検証手続きなので、インカメラ審理はできるという判断をしたのです（福岡高裁平成二〇年五月十二日決定・『判例時報』二〇一七号二八頁）。

しかし、それに対して最高裁は、もし立法があればできるけど、立法がないから駄目だという判断を下しました。裁判官だけが見るということになると原告側の公開請求者側は見られないから、双方が武器対等でなくなる。同じ証拠、事実関係にもとづいて主張を繰り返すという民事訴訟のルールに則らないということです（最高裁平成二一年一月十五日決定・民集六三巻一号六頁）。

ここが日本の裁判所とアメリカの裁判所の大きく違うところですね。アメリカでは、インカメラ審理はちゃんと裁判官の判断でできるのですが、日本の裁判官はみんな、法律がなければできませんということで、全部駄目になってしまうのです。

だから、この問題については、情報公開法の改正の中でそういうインカメラ審理の制度を入れなければ解決しません。もっとも、民主党時代の情報公開法の改正法案には入っていたのです。入れたのですが、残念ながら実現せずに今日に至っています。

そんなわけで、日本の情報公開法は今もインカメラ審理制度が入っていないので、世界中からみたらものすごく遅れていて、もう一周遅れの制度になってしまっているのです。だからどこかでやはり直さなければいけないのですが、まあ今の政権ではとても無理でしょうね。情報公開法を改正しようなんていうことは口が裂けても言わないでしょうから。やはり秘密保護のほうが大事だと。

■自公政権になっても公文書管理委員会委員を続けていた？

それでも私は思うのですが、先ほど話をしたように、情報公開法の制定を課題とした行政改革委員会の事務局長をやれと言われたのが一九九五年。それに先立って一九九三年に、行政手続法を作り、一九九九年に情報公開法を作って、二〇〇九年に公文書管理法を作ってきた。かれこれ二〇年ぐらいかけて、日本という国はけっこう民主的な制度を築き上げてきたのです。

しかしながら、一方でこれらの動きを保守政治家から見ると、あるいは保守官僚や警察官僚の人達から見ると、これは少々行き過ぎだと感じていたのではないでしょうか。

情報公開法の改正案を立案している当時、外務政務官が西村智奈美さんという民主党の議員でしたが、ある時電話をかけてきて「防衛外交についてのあそこの条文、もうちょっと非公開になるようにできないかしら。みんなから言われるんだけど……」などと言うのですね（笑）。まあそういうこともありまして、やはりその役所の中にいる方々にとっては、私みたいに、政権の中から法改正で情報開示の範囲を広げようとしているような人間は非常に疎ましく思ったのではないかなと思っております。

ところが、そのような私が、何故かですね、実は自民党の福田官房長官の時から公文書管理にかかる委員会の委員を務め続けてきたのです。民主党政権になってからやっているのではないのですよ。その前からです。しかも、その後の自公政権でも、昨年まで残っていたのです。政府内に(笑)。

というのも、情報公開審査会は国会同意人事なので、そういう時に経歴が全部出てしまうのですが、公文書管理委員会の委員は国会同意人事ではないのです。そういえば情報公開法ができた際、情報公開審査会の委員に推薦されたのですが、三宅だけは駄目だと言われたこともあります。そんな悪いことしたのかとか言われたのですが、もちろん悪いことをしているわけでは全然ありません(笑)。

そんな形で、まあ私のような経歴の人間は国会同意人事では通らないだろうと言われてきたのですが、公文書管理委員会は幸い国会同意人事ではなかったので、福田官房長官の頃から公文書管理に関わってきて、その後もずっと公文書管理委員会に入り続けて、二〇一八年までずっと生き残っていたというわけです。

第五章　防衛・外交分野における情報公開・公文書管理の取り組み

一　防衛分野での情報公開・公文書管理の取り組み

■集団的自衛権の想定問答資料も公開対象になる

先ほど、森友学園問題のところで、政府が公文書管理規則の「別表」に列挙していない文書は一年未満と定めて廃棄したことに問題があると述べました。ここのところでいちばん最初に引っ掛かったのは、憲法9条に関わる、集団的自衛権行使を容認した二〇一四年七月の閣議決定ですね。

その時に、内閣法制局が作成した想定問答資料があったのです。閉会中審査のために、備えた文書。それは法制局長官まで上がっているものです（後掲レジュメ⑩）。

そしたら、横畠裕介内閣法制局長官（当時）は、これは決裁しないと言ったので、次官にまで上がってきた紙の文書は捨てていました。ところが、電子データはパソコン内に残っていたのです。

これも、先ほどご説明した、キーポイントの「組織共用」です。次官まで決裁して、法制局長官まで上げたものです。で、紙の文書は廃棄したけどパソコンに残っていたら、これは組織として共用して、長まで上げた文書ということになります。ところが、朝日新聞の記者が情報公開請求したところ、情報公開法の対象になると言わなければいけないところを、法制局は「文書不存在」と決定してしまったのですね。

内閣法制局とは、日本の法律を全部司るところですよ。それがこんな誤った法解釈をしているのですから、事程左様に電子データと紙媒体の文書の取り扱いについて、役所の中で徹底していなかったということが、この一件でもう明らかになったということです。

その時に、情報公開・個人情報保護審査会は「これは組織共用文書で、行政文書に該当する」という判断をしたのですね。当然の判断ですが。

実は、このことについて、たまたま私のところに朝日新聞の記者から電話がありました。「開示請求したが文書不存在になった」と言うので、これは不服申立てして審査会でチェックしてもらったほうがよいですよ、とアドバイスしました。

その時記憶にあったのは、「昭和天皇・マッカーサー会見録」というものがありまして。情報公開法が二〇〇一年から施行されてすぐに話題になったのですが、占領当時のマッカーサー長官のいた連合軍司令部、東京の第一生命ビルに昭和天皇が訪ねていって、二人で撮った写真が有名ですよね。あの当時の会見録の原本はなくなっていたのですが、外務省の中を探したら一部だけコピーがあったのです。それを、情報公開の対象になるという判断をしたのです。だから、今回の想定問答資料もそれと同じ理屈なので、データで残っていたら当然対象になると思っていたのですね。

■ＰＫＯ南スーダン日報も「一年未満」で廃棄されていた

それから、次に出てくるのが自衛隊の「ＰＫＯ南スーダン日報問題」ですね（後掲レジュメ⑪）。この問題もたまたま、集団的自衛権の想定問答資料の問題と時をほぼ同じくして起きました。

少しさかのぼって二〇一六年九月に、布施祐仁さんという、元の自衛官で防衛外交のことをずっとフォローしているジャーナリストが、自衛隊南スーダン派遣部隊が作成した日報について防衛省に情報公開請求しました。ところが、同年十二月に「日報の保存期間は一年未満のためすでに廃棄しており、文書不存在」という回答が同省から通知されたのです。

開示請求の際には「〇〇に関する文書および電子データ」といって請求します。皆さんも請求する側のプロですから、お分かりですね。すると防衛省の側では「文書の保存期間は一年未満」「電子データは紙で発表したらその時点で全部廃棄してよい」という取り扱いになっていたのです。

これは元々、ずっと前からおかしいと言われていて、我々日弁連が推薦し、情報公開・個人情報保護審査会委員に就任していただいた森田明弁護士も、その決定の中で、この一年未満で廃棄しているけれどおかしいとずっと答申書を書いてたのですが、全くもって無視されていました（森田明『論点解説情報公開・個人情報保護審査会答申例』〔日本評論社、二〇一六年〕二二五頁)。困ったものだな、何とか変えられないものかな……と思っていたのが、森友学園問題の約二年前のことでした。

で、これは自民党の中にも、おかしいという認識はあったのです。

ちょうど二〇一七年の七月に「深層NEWS」というBS日テレの番組で、外務大臣になる前の河野太郎衆議院議員と一緒に出演したことがありました。河野議員はその頃自民党の行政改革推進本部長を務めておられましたが、その彼も言うのです。「一日に七〇頁も八〇頁も、南スーダンから電子データで送られてきて、どういうようなことが起きているかということが克明に書いてある資料が、総括報告書というまとめの資料を作った途端に、もう捨てていいよなんていうことは有り得ないだろう」と。これはやはり社会常識的におかしかったのですね。なので、ちょうど森友学園問題との相乗効果で、防衛省も不存在扱いの運用を変えざるをえなかったのです。

■〝森友さまさま〟で防衛分野でも前進した公文書管理

さらに、稲田朋美防衛大臣（当時）は、その直後に防衛大臣を辞職することになるのですが、実は以前に内閣府特命担当大臣として公文書管理担当大臣を務められていました。夏休みにはフランスやイタリアの公文書館をちゃんと視察していて、公文書管理にけっこう詳しかったのです。

そういうこともあって、特別防衛監察の最終報告の中で、二つの改善策が盛り込まれました。電子データについて集中管理をするというのが一つ。それと、文書不存在と情報公開の決定については、監察室がチェックをするということ。そういうことを改善策として打ち出したのですね。二〇一七年七月のことです。

このことが効いて、イラク派遣の日報は二〇〇五年とか二〇〇四年のもので、その頃はまだ公文書管理法がなかった時代ですから、もう捨てるなり消去するなり自由にできていたのですが、防衛大臣が小野寺五典衆議院議員に代わった時に、日報を集中管理して、基本的に残さなければいけないということになりました。今日もイラクの日報が出てきました、今日もどこそこからイラクの日報が出てきましたと。イラクについて自衛隊を派遣したことが良いかどうかを国民がチェックできる基盤が、ようやく日本にできたのです。

イギリスなどは、ブレア政権の時に、イラク派兵が正しかったかどうかをもうずっと委員会で長時間かけて審議していますが、日本には資料も何も公開されなかったので、何かスカスカになっていたところがありました。それが少しだけマシになったということです。ちなみに、ＰＫＯの派遣部隊は国連活動に関わるものなので、一〇年経ったら国立公文書館に移管するというルールも決まりました。だから、公文書管理の観点からは〝森友さまさま〟という話に実はなるのです（笑）。お陰さまで、防衛外交分野でもだいぶ前進したということが言えると思います。

二　外交分野での情報公開・公文書管理の取り組み

■特定歴史公文書等不服審査分科会会長として日韓基本条約の交渉記録に携わる

防衛外交分野でもう一つお話しします。公文書管理委員会内に設けられた「特定歴史公文書等不服審査分科会」の会長をやらせてもらいました。これは非常に良い経験だったので、いずれどこかで報告をちゃんと出そうと思っています。

その分科会で一番取り組んだのは、日韓基本条約締結のための交渉記録。これは、日韓双方の官僚が一九五〇年代から詰め寄って、請求権の範囲などを議論してきました。朝鮮にある銀行に残っていた財産はこれだけだったから、これは韓国側に置いてきた、これは日本に持って帰ってきたのだと。朝鮮半島全体で、日本が財産をどれだけ奪ったり、置いてきたりしたかというのを細かく精査しているのです（後掲レジュメ⑨）。

だから、今問題となっている徴用工の問題なども、本来はその中に入るべきなのですよ。というより、もともと細かく精査していたのですが、最後に政治家が出てきて、もうこんな細かい議論やらなくていいと言って、ざっくりとまとめられたのが日韓基本条約なのです。

日韓基本条約を締結する前に、細かく精査をしていた交渉記録のうちかなりの部分が、これで公開されるようになったのです。裁判の手続きと、この不服審査会の手続き、両方申し立てられたものですから、裁判の手続きのために不服審査で出たものがまた裁判に出てですね、裁判でここまで出していいものだろうとかと相互に共鳴し合った手続きになったもので、かなり出たのですけれど、もうそれが出たらもうホームページに情報が公開されれば、みんながパソコンで検索して見られるようになると、徴用工の問題ってどこに関わるのかなというのが、もう少し冷静にいろんな議論ができるのではないかなと思います。でも、そういうことはやらないですね。

アメリカの場合は、複数回にわたって請求があるような文書については、積極的に情報をホームページに公開しましょうという、そういうルールが積極的に進められようとしています。その辺りがちょっと、日本はまだまだ違うところだなと思います。それをこの時思いましたね。

第六章　今後の情報公開・公文書管理に向けた提言

一　重要な文書を残しておくために取り組んできたこと

■行政文書管理ガイドライン改正から府省庁の規則改正へ

もうだいぶ時間になってきましたので、あとは駆け足で、今後の課題ということでお話しします。これまでもお話ししてきましたが、浮かび上がってきた公文書管理上の問題は、行政文書に該当するかどうかという問題と、行政文書の保存期間の問題（一年未満で運用している）。二つあるということが、お分かりになったと思います（後掲レジュメ⑭）。

そこで、二〇一七年十二月に「行政文書の管理に関するガイドライン」を見直して、二〇一八年三月までに全ての省庁で、「行政文書管理規則」を改正したのです。

この管理規則の下にあった財務省の「行政文書管理規則細則」。インターネットで検索しても管理規則までは出てくるのですが、その下の管理規則細則は隠れていて公表されていなかったのです。それはもう、文書は早期に廃棄しようという意図が分かりますね。

それで、全部一年未満文書という取り扱いにはならないようにしました。ガイドラインで申しますと、意思決定過程に関わるような文書については、原則として一年以上の保存文書にするということをはっきりさせました（後掲レジュメ⑮⑯⑰）。ようやく、重要な意思決定に関わるものは一年以上にしなければいけないというルールができたので、何でも一年未満にできるというような話にはならなくなったわけです。

これは森友問題がなかったら、本当に分からないままでずっと看過ごされていたと思うのです。ところが、国会で「一年未満で廃棄しました」と大っぴらに言ってくれたものですから、おかしいだろうということになり、原則一年以上の保存期間となりました。

■総理大臣の動静に関する記録は保存すべき

だけれど、ここに関して、ちょっと引っかかるところがありました。先ほども触れた加計学園問題で、加計理事長が首相官邸に来た記録はないというのです。一年経ったら日程表も廃棄してよいことになっているので、記録はないという。これが通ってしまうのです。

本来なら、総理大臣など各大臣の、いつ誰が来たなどという記録はちゃんと残しておいて、総理大臣等が辞めたら国立公文書館に移管して、そこでちゃんと保存すべきですね。アメリカの場合は、大統領記念館で全部保存することになっています。

最近、福田康夫さんも、毎日新聞で、総理大臣の記録はちゃんと残せというようなことをおっしゃっていました（毎日新聞二〇一九年一月十九日）。対して、鳩山由紀夫さんは、辺野古に代わる代替施設に関する記録を、総理大臣を辞めた時に全部シュレッダーで裁断したという話になっているようですが（毎日新聞二〇一八年十二月三〇日）。このレベル感の違いですよね（笑）。

この問題については、残念ながら公文書管理委員の在任中には直せなかったので、今も残ったままですね。あとは大体、なるべく一年未満にしろというようなことでありますが、写しの保存、原本が管理されている部分、行政文書の写しというのは、これは私もちょっと引っかかったところです。特定秘密に関わるものとして、二〇一八年に廃棄された一年未満の文書が、国全体で四四万件もあるのです。普通は情報公開で開示できるものの例外のうちの、もっとコアな部分だけ特定秘密にするのかと思ったら、そうでないものが四四万件もあるということなのです。いかに秘密が多いかと。そのうちの三八万件は、原本のあるものの写しだということなのですが、原本がなくなったらどうするのだという話もありますから、ここのところをどうするのかという課題は残っているように思います。

■総理夫人が関与した案件は「異例な事項に関する情報」に該当

それから原則一年以上の保存ですが、それでも重要または異例な事項に関する情報を含む場合など、合理的な後付けや検証に必要な文書については最低一年以上の保存にすると。

森友学園への国有地の売却に関して、二〇一四年四月二八日、「いい土地ですから、前に進めてください」と、総理大臣夫人が言いました。学園の夫妻と同夫人が共に写った写真がありますね。あの時以来、近畿財務局の国有財産処分に関わるものから外れて、財務省本省の理財局に上げるようになったのですよ。近畿財務局だけでは判断できなくなって。ということは、これは異例な事項に関する情報になったから、その瞬間にやはり一年以上残さなければいけない文書になったのです。

そんな重要な文書を改竄していいという話には基本的にならないのですけれど、ともかく、保存期間についてはちゃんと一年以上になるということで、結構そこのところに手当てができたのですね。ここにもちょっと書いておきましたが（後掲レジュメ⑫）、行政文書管理規則の改正によって、国有財産の処分にあたり、近畿財務局が総理夫人や政治家の関わりのある学校法人に大幅値引きをした場合の交渉記録は、基本的に一年以上というような話になるのではないかと思います。

■改竄防止のため電子決裁システムへの移行を

ここまでやったところで、森友問題でいえば交渉記録でしたら保存期間五年ということでいけるだろうと思っていたのですが、そうはいかなくなったわけですね。改竄の問題が出てきたためです。

この改竄の問題については、私は公文書管理委員会に在籍している時に、改竄の防止策として、基本的に電子決裁のシステムを導入すべきだと言ってきました。

もともと、役所の決裁供覧文書というのは、文書の左端をこよりで止めるかホチキス止めして、中身を抜き変えられないようにするシステムとなっていました。これが明治以来の日本の官僚機構の主要な手続きだったのです。ところが、ある時期から事務の合理化ということで、役所の中の文書がファイリングシステムに変わるわけです。

実は、今お示ししている売渡決裁文書の左端には、パンチで穴をあけた跡があります。ファイルに入れるようにしますから、ぽこっと簡単に中を抜くことができますよね。これが、今回の改竄の大きな問題となったのです。

そこで、こんな手続きではなくちゃんと電子決裁で、電子データで記録が残るようなシステムにしようということで、今、公文書管理委員会で検討しているところですね（後掲レジュメ㉒）。そこのところの問題が一つ残っています（本書一二三頁）。

■懲戒処分の指針に文書改竄に関する処分を入れてもらう

財務省の決裁文書改竄など公文書管理をめぐる一連の問題を受け、政府としてどういう改正をやったのかというと、先ほども話しました「独立公文書管理監」のポストの新設。本来、私たちが提言しているのは「公文書管理庁」というものを新設すべきだということなのですが、いっぺんにそういう大所帯なものはなかなかできませんということで、その「独立公文書管理監」の新設にとどまっているわけです。

そこで、もうひとつの改善策として、人事院の「懲戒処分の指針」の中に、文書を改竄した者は免職になるという規定を入れてもらいました（後掲レジュメ㉒）。

今回、（テレビ局女性社員及び女性記者等への）一連のセクシャルハラスメントで、財務事務次官がちょうど辞任しましたが、国家公務員がセクシャルハラスメントをした場合、「懲戒処分の指針」では、一番重い処分は「懲戒免職」となっています。ところが、文書の改竄でファイルを抜き替えるという行為は想定されていなかったので、「懲戒処分の指針」には規定がなかったのです。

だからそれぐらい非常識というか、一般的にみんなに知れ渡っているルールから外れたことをやったということです。およそ理財局長が単独の判断でできるようなことではないと思いますが、まあ自分の判断でやったということになっている。これからあの方がどういう人生を歩まれるかによって、世間がどう評価するかですね。

二　公文書管理庁を設置し根本改革へ

■電子データも分類して省庁内で共有できるように

行政文書管理ガイドラインでは、会議録や打ち合わせ記録について、ちゃんと確認をしないと作ってはいけないということになっています。なので、これからは口裏合わせのスカスカの記録、文書しか残らないのではないか、というところが懸念として出てきますね（後掲レジュメ⑳）。

ある省庁の行政文書管理規則を取り寄せたのですが、ファイルの整理、分類、名称の付け方、保存期間などの取扱いや、重要または異例な事項、通常とは異なる取扱いをした場合など、いろんなことが書かれています（後掲レジュメ㉓）。そこで、電子データについても、電子文書の保存方法として、共有フォルダの整理をちゃんとしなさいということを言っています。

先ほどもお話ししましたが、「総理のご意向文書」というのは当初、文科省高等教育局のある担当課の共有フォルダだけ調べて「ない」と言っていたのです。だから、私はあの時テレビで観ながら、そんなもの一つの共有フォルダだけ調べても仕方ないでしょうと思ったわけです。そこで、文科省にある全部の共有フォルダ、共有サーバーも調べないと話にならないでしょうと言ったら、文科省も途中からそれを調べて、別の共有サーバーから出てきたのです。

そういうこともありますので、共有フォルダの中で大項目・中項目・小項目という分類をきちんとして、最後に行政文書管理ファイルのタイトル名がちゃんと書けるような、そういうフォルダの作り方をしましょうと、情報の整理方法を細かく示すところまでいきましたので、今度は具体的にどういうシステムで電子情報を残していくかというところに、議論が移っているということですね。

これに関連して、私の郷里である福井の新聞の社説で、こんなことで幕引きしてよいのかというご指摘が出ていましたので、ちょっと引用しておきました（後掲レジュメ㉔）。

最終的に、「行政文書の管理に関するガイドライン」のチェックは、二〇一八年三月までに一応すべて終わったというところまでようやくたどり着きました。

■公文書管理庁を設置して制度の根本改革へ

ただ、根本的な課題を解決するには、やはりアメリカのレコードエージェンシー（記録管理局）に相当する「公文書管理庁」のようなものを設置しないと駄目だと思います（後掲レジュメ㉖）。これは個人的にも以前から主張していますし、日弁連でも提言しています。

国会の前に「憲政記念館」という、尾崎咢堂——戦前から長年国会議員をされ、憲政の功労者とも言われた方——を記念した記念館があります。今度、その憲政記念館を取り壊して、そこに地下四階・地上三階ぐらいの——あまり高いものは建てられないようなので地下四階ぐらいになるのですが——ちょうど七階建ての新しい国立公文書館の建物が建つ予定です。

それで、修学旅行などで中学生が訪れた際には、国会を見学して、その後憲政記念館に行って日本国憲法の原本を見る、というようなルートにしましょうという話になっています。まあ七階もフロアがあったらひとつぐらい公文書管理庁のオフィスにしたらどうかというのが私の提案ですが、誰もそれにうんと言ってくれません（笑）。良い案だと思うのですが。

あと、内閣総理大臣への報告とか同大臣による調査とか、いろんな手続きが公文書管理法には規定されていますので、これはちゃんとやらなければいけない（後掲レジュメ㉖）。しかし、先ほどお話ししたように、今回、身内である総理夫人の調査には対応できなかったという限界を認めました。

そして、私がよく言っているのは、国家公務員の六〇歳定年を止めて、六五歳まで五年間、研修を受けてもらい、退職公務員を臨時雇用して、そこで昔やった仕事の整理をしてもらったらどうかという案です。ちょっとずつ増やしてもらっていますが、それでも、本当にちょっとずつというところですね。

■民間の重要な記録も国立公文書館に寄贈しては

あとは、公文書偽造で告発された元財務省理財局長の佐川さんが、大阪の検察審査会で起訴相当になるかどうか、その刑事手続きをどうするかという問題がまだ残っていますね（後に不起訴処分が決定、さらに、自殺した近畿財務局の職員の遺族が国と佐川氏を被告とする国家賠償請求訴訟を提起）。で、すり合わせのスカスカの記録しか残らないのであれば、「組織的に用いる」という行政文書の定義の要件を削除するとか、先ほど言った裁判所におけるインカメラ審理、裁判官が直接文書を見て、ここを公開してもよいのではないかというのを言えるような手続きを情報公開法改正の中でやらなければいけないのでは、と思います（後掲レジュメ㉗㉘、本書一八六頁）。

今日お話ししたのはこの情報公開法のほうですが、公文書管理法というのは全体を包括しています（後掲レジュメ㉚）。

民間から寄贈・寄託される記録もありますね。今一番相談されているのは、一九八五年に起きた日本航空の墜落の記録。あれは日航と運輸安全委員会（国土交通省の外局）に残っているのですが、果たして日航にそのまま置いておくだけでよいのかと。国立公文書館に寄贈や移管をしてもらったらどうかと思ったりしています。特にボイスレコーダーやフライトレコーダーなんかね。そういうものもどう保存していくのかということをこれから少し問題提起したいなと思っています。今は公文書管理委員会の委員も辞めましたので、その辺りを、政策の対抗軸となったら、新聞にも取り上げてもらえるような話題性のある事件をちょっと組み立ててみたいと、実は今思っているところです。

三　日本の監視社会化を進める動きを阻止しよう

■情報自由基本法の制定と公益通報者保護法の改正を

今日お話ししたテーマは、情報公開法と公文書管理法が中心でした。それらともいろいろ絡みがあるのが、「公益通報者保護法」。これはいろんな問題がありますね。刑事訴訟手続上の司法取引の問題も絡んできて、国の刑事政策がどうなるかというような問題とも絡んできます。

これら、情報公開の促進、情報の作成・整理・保存の強化、秘密指定の制限・明確化、情報の取得・開示に対する制裁の限定などを全体的に包括し、国民の知る権利を具体化した「情報自由基本法」という法律を新設して、もう少し上手く促進できるようにしたらどうか、ということを、日弁連でも今提言しているところです（二〇一六年二月十八日「情報自由基本法の別定を求める意見書」（後掲レジュメ㉛））。

本当は憲法改正して知る権利を入れようというような議論をしてしまうと、それ入れるから9条も変えようなんていう話になるかもしれないので（笑）、なかなか慎重を要する話になります。現実的にはこの辺りが当面の課題かなというところで、私たちは情報自由基本法というのを提言しています。

■警察・防衛外交が保有する個人情報ファイルの公表を

しかし、政府というところは個人データをがっちり握っていて、なかなか出しません（後掲レジュメ㉙）。

ありましたよね、Tポイントカードのデータを警察官僚が自由に見ているという問題。あれは個人情報保護法23条の第三者提供の例外規定で「法令に基づく場合」というのがありまして。法令というのが、刑事訴訟法の１９７条で、警察が捜査照会をしたら全部出してよいという話になっているのです。

で、それには問題もあるということを、私は弁護士会から出している本の中でも言っているのですが、ほとんど遠吠えで誰も聞いてくれません。もう完璧にあのデータはですね、刑事裁判の前段階、警察のですね、情報の収集というのは、今言った刑事訴訟法の１９７条。

それからもう一つ言うと、警察法の2条。警察の責務として「公共の安全と秩序の維持に当ることをもつてその責務とする」とあります。すなわち、公共の安全と秩序の維持のためには自由に何でもできるという。これが日本のシステムなのです。

そのことを、二〇一七年六月にドイツでの個人情報保護の調査の際に説明したら、ドイツの憲法裁判所の裁判官が、「なんて日本は野蛮なんだ！」と。その裁判官と会った時は、日本から我々の同志が来たと思われたのですが、その説明をした途端に「日本って野蛮だねえ」と言われてですね。で、挙句に、私たちの後に慶應義塾大学の憲法学者・小山剛さんが行った時に、「いや、この間『日本の弁護士が来て説明聞いたけど、ほんとに野蛮だね』って私も言われたよ」と言っていました。

唯一、ＧＰＳだけは強制捜査が認められていません。車にGPSの装置を取り付けてどこに移動するかを把握するという捜査は、令状がないとやれないという判決を最高裁が出して、裁判所に取付けの判断を委ねることになりました（最高裁平成二九年三月十五日判決・刑集七一巻三号一三頁）。

■情報公開法改正と公文書管理条例の制定がこれからのテーマ

その他にも、取調べ時の録音録画を認める刑事訴訟法改正。これに伴って通信傍受が拡大しましたが、その運用が如何と、さらに会話傍受まで認めるようにするかという議論があります。

これ、やっぱり「共謀」ですよね。今までは犯罪の実行行為がないと罪にならなかったのですが、組織犯罪処罰法を改正して、組織的犯罪集団と認定されると先ほど言った戦前の治安維持法と同じ世界で「共謀」を罰しようとするのですから、どんどんラインなりフェイスブックなりからデータを集めようとしますよね。

最近の話題では、辺野古への基地移設反対運動の活動家リストを、警察が持っているという。先日沖縄平和運動センターの山城博治さんに聞いたら、いや辺野古へ行ったらもう、昨日東京から来たような警察官が「おい○○」と言って、呼び捨てで言うんだよと言って。何でその面が割れてるんだという話なのですよ。

それはもう、リストを持っているという話なのです。そうやって機動隊のメンバーが全部個人データを入手して、辺野古で警備に当たるわけですから。そういう警察国家のところをどうするのかという問題が実は残っています。

それと、今日の資料には書いていないのですが、「行政機関個人情報保護法」には、各役所の持っている個人情報ファイルは、全て総務省に届け出なければいけないというルールになっています。ところが、警察と防衛外交については届出除外になっているのです（同法10条2項）。だから、警察が持っているデータベースの存在は、総務省に届けなくていい。ここが日本の、戦前の治安維持法が廃止された後、そこからの生き残りが日本の公安警察になって、その人達が政権の中枢に入って、特定秘密保護法も作って、共謀罪も通して、公安データをがっちり握って、日本の監視社会化を進めようとしているという流れなのです。

冒頭でお話しした、一九九〇年代から始まった情報の大きな自由化の流れの中で、そこを打ち破る行政機関個人情報保護法改正を、やはりこれからはやらなければいけません。そういう意味では、辺野古の問題などはですね、日本の平和政策に関わる問題と同時に、日本の治安維持とか、警備体制の中での最先端の問題と位置付けられるのです。

政権が秘密を握って、国民には渡さない。一方で、国民は監視されて情報公開はなかなかできないという。このパノプティコン社会（ミシェル・フーコーの提唱にかかる全方位監視型社会）の問題を、情報公開法改正［巻末資料］と公文書管理条例の制定（本書一一一頁）で打ち破っていくというのがこれからの三〇年の大きなテーマでしょう。私は、もう三〇年経ったら死んでいますが（笑）。若い方はぜひ、生き残ってやってほしいと思います。

こんなところでいいでしょうか。全部言いましたね。

【司会】はい、ありがとうございます。（拍手）

（了）

【二〇一九年二月三日　於・マイドームおおさか】

知る権利ネットワーク関西　情報公開活動30周年記念講演会

公文書管理は民主主義の基盤

── 森友問題等を事例として ──

三宅弘

（弁護士・獨協大学特任教授）-

以降は、本講演のために準備したパワーポイントによるレジュメです。当日の講演は、必ずしもレジュメの順序どおりには進んでいませんので、準備したレジュメをそのまま次頁以降に掲載させていただきました。

本講演の内容と併せてご参照いただければ幸いに存じます。本文中の参照となる箇所についてナンバリングがしてあります。

第１　日本の公文書管理と情報公開

①

１　行政機関情報公開法の定義する「行政文書」と文書管理

（１）情報公開法２条２項（1999年制定）

この法律において「行政文書」とは、行政機関の職員が職務上作成し、又は取得した文書、図画及び電磁的記録（電子的方式、磁気的方式その他人の知覚によっては認識することができない方式で作られた記録をいう）であって、当該行政機関の職員が組織的に用いるものとして、当該行政機関が保有しているものをいう。ただし、次に掲げるものを除く。

②

（２）「組織的に用いるもの」

「情報公開法の目的からすると、政府の諸活動を説明するために必要十分な範囲で開示請求の対象となる文書を的確に定める必要がある。この見地からは、決裁・供覧等の文書管理規程上の手続的要件で対象文書の範囲を画することは、必ずしも適切ではない」と説明されている（「考え方」２（2）イ）。

「作成段階では個人メモとしてつくられたものであっても、その後、業務上の必要性の観点から組織共用文書として保有される状態になっていれば、行政文書」であることを明らかにしている（第142回国会衆議院内閣委員会・会議録11号 30頁（平10・6・4）。→愛媛県情報公開条例の公文書の定義でも同じ。

③

２　「経緯を含めた意思決定に至る過程」についての文書の保存義務を定めた公文書管理法

（１）公文書管理法４条

行政機関の職員は、第一条の目的の達成に資するため、当該行政機関における経緯も含めた意思決定に至る過程並びに当該行政機関の事務及び事業の実績を合理的に跡付け、又は検証することができるよう、処理に係る事案が軽微なものである場合を除き、次に掲げる事項その他の事項について、文書を作成しなければならない。

一　法令の制定又は改廃及びその経緯

二　前号に定めるもののほか、閣議、関係行政機関の長で構成される会議又は省議（これらに準ずるものを含む）の決定又は了解及びその経緯

三　複数の行政機関による申合せ又は他の行政機関若しくは地方公共団体に対して示す基準の設定及びその経緯
四　個人又は法人の権利義務の得喪及びその経緯
五　職員の人事に関する事項

（2）移管又は廃棄 ④

8条2項

行政機関（会計検査院を除く。以下この項、第四項、次条第三項、第十条第三項、第三十条及び第三十一条において同じ。）の長は、前項の規定により、保存期間が満了した行政文書ファイル等を廃棄しようとするときは、あらかじめ、内閣総理大臣に協議し、その同意を得なければならない。この場合において、内閣総理大臣の同意が得られないときは、当該行政機関の長は、当該行政文書ファイル等について、新たに保存期間及び保存期間の満了する日を設定しなければならない。

→　私立大学から文部科学省への報告は、重要又は異例の取扱いは保存

（3）本法に制度上盛り込まれているコンプライアンス確保のための仕組み ⑤

内閣総理大臣への報告（法9①）、同大臣による調査（同9③）、勧告（同31）、国立公文書館による実地調査（同9④）、公文書管理委員会による勧告案の調査審議（同29三）。→積極的に権限が行使されるべき建て付け。

3　行政文書ファイル管理簿による公文書管理と特定秘密の表示 ⑥

（1）特定秘密保護法3条1項に基づく特定秘密の指定を前提とする特定秘密の表示（同条2項）

行政機関の長は、前項の規定による指定（附則第五条を除き、以下単に「指定」という。）をしたときは、政令で定めるところにより指定に関する記録を作成するとともに、当該指定に係る特定秘密の範囲を明らかにするため、特定秘密である情報について、次の各号のいずれかに掲げる措置を講ずるものとする。

一　政令で定めるところにより、特定秘密である情報を記録する文書、図画、電磁的記録（電子的方式、磁気的方式その他人の知覚によっては認識することができない方式で作られる記録をいう。以下この号にお

いて同じ。）若しくは物件又は当該情報を化体する物件に特定秘密の表示（電磁的記録にあっては、当該表示の記録を含む。）をすること。

（２）秘密保護法と情報公開法・公文書管理法との関係 ⑦

「本法と行政機関情報公開法、行政機関個人情報保護法、公文書管理法は、･･･行政機関が保有する情報の取扱いに係るものであることは共通しており、特定秘密として指定される情報も、通常は、文書にそれが記録され、管理されるものであることから、特定秘密の指定、情報公開法に基づく開示・不開示の判断、文書管理という一連の取扱いを、同一の行政機関の長が、秘密の保護と国民への説明責任を果たすという観点から行うことが重要である」とされる（内閣官房・逐条解説 11 頁）。

4　重要な政策決定過程情報や特定秘密が闇に消えないようにするために ⑧

(1) 行政文書ファイル管理簿による公文書管理と特定秘密の表示

行政文書の管理に関するガイドラインによれば、「①「行政文書ファイル」や「当該行政文書ファイルに含まれる行政文書」を容易に検索することができるよう、行政文書ファイルの内容を端的に示す（複数の）キーワード（例：「配布資料」（※大分類は「公文書管理有識者会議」、中分類は「第○回会議」））を記載する。②特定の担当者しかわからない表現･用語（例:「Ｙプロジェクト関係文書」「○月○日に電話連絡があった件」「ＯＳＰ会議の配布資料」）は使用せず、具体的なプロジェクト名や地域名を盛り込むなどして、他の職員や一般の国民も容易に理解できる表現・用語とする」とされる（行政文書の管理に関するガイドライン（平成 23･4･1 内閣総理大臣決定）第４整理《留意事項》〈行政文書ファイル（小分類）〉）。

さらに、行政文書ファイル等の管理を適切に行うため、行政文書ファイル管理簿を作成し（公文書管理法７条１項）、公表しなければならない（同条２項）。

特定秘密についても、行政文書に記載された情報であるときは、行政文書ファイル管理簿において、行政文書ファイル等として適正に表記されて、何人も、現用文書については行政機関情報公開法による情報公開請求を、非現用文書について公文書管理法による特定歴史公文書等利用 ⑨

請求を、それぞれすることができる。特定秘密が、保存期間中に、公文書管理法８条２項に基づく内閣総理大臣の同意を得ないで廃棄されることがないように、適正に運用されれば、日韓基本条約締結のための実務担当者交渉記録の部分非公開が争点とされた東京地判平成24・10・11、その控訴審・東京高判平成26・7・25における開示文書、さらに公文書管理委員会特定歴史公文書等不服審査会平成25年１号決定の「日韓請求権問題参考資料（第３分冊)」のように、「時の経過」を経て、やがては利用可能となるはずである（が、衆議院情報監視審査会2018年３月報告では)。

→保存期間１年未満の特定秘密文書が首相の同意なしに大量に廃棄。１年未満保存文書には、重要な歴史公文書は全くないと言い切れるのか。

（２）2017年の発覚事例４件「行政文書」と「保存期間１年未満」 ⑩

①　内閣法制局の集団的自衛権行使に関する「想定問答資料」(2016. 2)

横畠裕介法制局長官は集団的自衛権の行使を認めた閣議決定（2014. 7）に関連して作成した「想定問答資料」は行政文書ではないとして開示請求を拒否。その後、総務省の情報公開・個人情報保護審査会の答申に従い公開。

→行政文書の該当性

---

②　陸自ＰＫＯ派遣部隊の日報（2016. 12） ⑪

防衛省は当初、情報公開請求を受けた日報は、保存期間が１年未満のため廃棄したとし、不開示決定をしていた。その後、別な部署で見つかったとして一転公開。

→１年未満の保存期間。

イラクＰＫＯ派遣部隊の日報（2018. 4）についても同様の問題あり。公文書、特に電子データの集中管理。

外務省外交史料館と同様の史料館において、戦略的な集中管理がなされるべき。

---

③　財務省の森友学園との交渉記録（2016. 6） ⑫

近畿財務局が国有地を森友学園に８億円引きの格安価格で販売した。財務省は売買契約に関する学園側との交渉記録は保存期間１年未満の軽微な文書であり廃棄したと答弁。

→1年未満の保存期間。
後述の改竄問題により、新たな展開へ。
さらに財務省が森友学園側や大阪航空局にごみ撤去費用の口裏あわせを求めた問題。

---

④ 加計学園の獣医学部新設に関する文科省文書（2016. 5） ⑬

「総理のご意向」などと書かれた文科省の内部文書につき、当初政府は「怪文書」扱いしていたが、文科省の再度の調査の結果、文書が保存されていたことが判明。しかし、これに対応する内閣府の文書は不存在。内部討議について記録を作成していないというが。

さらに、

→レク資料等の行政文書該当性。「報告・伺」の組織共用性も。
愛媛県職員と柳元首相秘書官が首相官邸で面会した備忘録の文書。

→県庁内や霞が関の省庁での説明用に用いられたということならば、H27. 4. 13の「備忘録」も愛媛県情報公開条例に基づく公文書、情報公開の対象。

→加計学園の獣医学部新設申請について、総理は加計学園長との会食やゴルフの時から知っていて、「総理のご意向」として職員に認識されていたのか。2017. 1. 20に申請を初めて知る？

---

⑤ 2017年の発覚事例から浮かび上がった公文書管理上の問題は、行政文書の該当性及び行政文書の保存期間の2つである。 ⑭

ア　行政文書の該当性：都合の悪い文書の行政文書該当性が恣意的に否定されると、公文書管理ルールの対象から外れ、自由に廃棄される恐れがある。今回の法制局のように情報公開請求があり、審査会のチェックが入らなければ、全く第三者のチェックが働く余地がない。従って行政文書の該当性は厳正に判断されなければならない。

イ　行政文書の保存期間：こちらは「行政文書に該当」に該当したとしても、恣意的に保存期間を1年未満にすれば担当部課の判断で自由に廃棄できる。1年未満とすれば行政文書ファイル管理簿に搭載する必要がなく、廃棄も内閣総理大臣の同意は不要。情報公開の対象文書は行政文書ファイル管理簿から選定され、国立公文書館への移管も1年以上の保存文書から選別されるから、「1年未満」の保存には「現在及び将来の国民への説明責任を果たす」という公文書管理法の目的に照らし、大きな落とし穴が潜んでいると言える。

⑥　行政文書管理ガイドラインの改正 ⑮

2017年12月に行政管理ガイドラインを改正し、これに基づき2018年3月末までにすべての府省庁において、行政文書管理規則を改正した。

公文書管理法7条1項本文は、行政文書ファイル等の分類、名称、保存期間等を記載した「行政文書ファイル管理等」の作成及び公表について規定している。ただし、同1項ただし書は、政令で定める期間未満の保存期間が設定された行政文書ファイル等については、同管理簿の作成義務の対象外とし、これをうけて本法施行令12条により、保存期間が1年未満のものは、対象外としている。

森友学園問題にみる国有地の売買契約の交渉過程の記録は、紙媒体の文書も電子データも保存期間1年未満と解釈して廃棄された。このような誤った措置がとられないように、行政文書管理ガイドラインは改正された。

⑦　改正行政文書管理ガイドラインと新しい○○省行政文書管理規則 ⑯

同ガイドライン第4．整理．3保存期間、（5）「1－（1）の保存期間の設定及び保存期間表においては、歴史公文書等に該当しないものであっても、行政が適正かつ効率的に運営され、国民に説明する責務が全うされるよう、意思決定過程や事務及び事業の実績の合理的な跡付けや検証に必要となる行政文書については、原則として1年以上の保存期間を定めるものとする。」という規定が新設された。さらに新設された（6）では、「①別途、正本・原本が管理されている行政文書の写し、②定型的・日常的な業務連絡、日程表等、③出版物や公表物を編集した文書、④○○省の所掌事務に関する事実関係の問い合わせへの応答、⑤明白な誤り等の客観的な正確性の観点から利用に適さなくなった文書、⑥意思決定の途中段階で作成したもので、当該意思決定に与える影響がないものとして、長期間の保存を要しないと判断される文書、⑦保存期間表において、保存期間を1年未満と設定することが適当なものとして、業務単位で具体的に定められた文書」等については、保存期間を1年未満とすることができる。

⑧　しかし、さらに、新設された（7）においては、（6）の①ないしの文書も含めて、「1－（1）の保存期間の設定においては、通常は1年未満の保存期間を設定する類型の行政文書であっても、重要又は ⑰

異例な事項に関する情報を含む場合など、合理的な跡付けや検証に必要となる行政文書については、１年以上の保存期間を設定するものとする。」と規定された。［○○省規則13条６項］そして、留意事項として「『重要又は異例な事項』とは、ある業務について、通常とは異なる取扱いをした場合（例：通常専決処理される事務について、本来の決裁権者まで確認を求めた場合）等が想定されるものであり、そのような案件に係る情報を含む行政文書については、通常は１年未満の保存期間を設定する行政文書の類型であっても、合理的な跡付けや論証に必要となるものについて、１年以上の保存期間を設定するものとする。」と説明されている。―この改正により、固有財産の売却処分にあたり、財務省近畿財務局が総理夫人や政治家のかかわりのある学校法人に対し大幅値引きをした売買契約を締結する交渉記録は１年以上の保存期間を設定されることであろう。また、「記憶にない、記録にない」という財務省の国会答弁はなくなるだろう。

---

⑨　さらに、同ガイドライン添付の別表第２保存期間満了時の措置の設定基準の１基本的考え方について、従前から、次の〔Ⅰ〕～〔Ⅳ〕のいずれかに該当する文書は、「歴史資料として重要な公文書その他の文書」に当たり、保存期間満了後には国立公文書館等に移管するものとされていた。「その他の文書」を含み、「歴史公文書等」とされているのである。今回の改正により、〔Ⅰ〕～〔Ⅳ〕までの留意事項が新設された。 ⑱

〔Ⅰ〕国の機関及び独立行政法人等の組織及び機能並びに政策の検討過程、決定、実施及び実績に関する重要な情報が記録された文書
〔Ⅱ〕国民の権利及び義務に関する重要な情報が記録された文書
〔Ⅲ〕国民を取り巻く社会環境、自然環境等に関する重要な情報が記録された文書
〔Ⅳ〕国の歴史、文化、学術、事件等に関する重要な情報が記録された文書

---

⑩　さらに、同１基本的考え方の２具体的な移管・廃棄の判断指針として、（１）業務単位での保存期間満了時の措置として、「審議会その他の合議制の機関に関するもの（部会、小委員会等を含む。）」のうち、「専門的知識を有する者等を構成員とする懇談会その他の会合に関するもの」についても、移管することを明記するとともに、公文書の「廃棄簿」も移管を義務付けた。 ⑲

また、（２）政策単位での保有期間満了後の措置として、以下の①～③を例示し、特に①の具体例の末尾に「等」を付記して、文書管理

者の判断により、今後も増えていく余地を明記した。

①国家・社会として記録を共有すべき歴史的に重要な政策事項であって、社会的な影響が大きく政府全体として対応し、その教訓が将来に活かされるような以下の特に重要な政策事項等に関するものについては、1の基本的考え方に照らして、（1）①の表で「廃棄」とされているものも含め、原則として移管するものとする。

（災害及び事故事件への対応）

阪神・淡路大震災関連、オウム真理教対策、病原性大腸菌O 157 対策、東日本震災関連等

（我が国における行政等の新たな仕組みの構築）

中央省庁等改革、情報公開法制定、不良債権処理関連施策、公文書管理法関連、天皇の退位等

（国際的枠組みの創設）

気候変動に関する京都会議関連施策、サッカーワールドカップ日韓共催、2020 年東京オリンピック・パラリンピック等

---

⑪　以上のガイドライン改正によって、森友問題の売買契約締結交渉過程文書は、なお、今回のガイドライン改正において、第3作成の留意事項として、少なくとも異例な取扱い文書として保存期間5年として保存されることが明確になる。 ⑳

また、適切・効率的な文書作成として、以下の○ 2つが明記された。

○文書の正確性を確保するため、その内容について原則として複数の職員による確認を経た上で、文書管理者が確認する。作成に関し、部局長等上位の職員から指示があった場合は、その指示を行った者の確認も経るものとしている。

○各行政機関の外部の者との打ち合わせ等の記録については、文書を作成する行政機関の出席者による確認を経るとともに、可能な限り、当該打合せ等の相手方（以下「相手方」という。）の発言部分についても、相手方による確認等により、正確性の確保を期するものとしている。なお、作成する行政機関において、相手方の発言部分等について記録し難い場合は、その旨を判別できるように記載する必要がある。

---

⑫　3月2日朝日新聞朝刊1面（14 版）に基づき、その後判明した事実も付記して森友公文書改竄（以下「改竄」）問題から、政局とは別に、公文書管理法及び情報公開法の改正の方向性、ひいては日本の民主主義のあるべき姿を明らかにしたい。 ㉑

スクープ記事では、改竄は、「2015 ～ 16 年に学園と土地取引した際、

同省近畿財務局の管財部門が局内の決裁を受けるために作った文書」とされた。「1枚目に決済の完了日や局幹部の決裁印が押され、2枚目以降に交渉経緯や取引の内容などが記されている」。「起案平成27年4月28日　決裁完了平成27年4月28日」と記された普通財産（貸付）決議書と「起案平成28年6月13日　決裁完了平成28年6月14日」と記された普通財産売払決議書である。国交省は、3月5日に、両者の相違点を財務省に伝え、決裁当時の改竄前文書の写しを財務省に渡した。国交省の保有文書では、貸付決議書の「事案の経緯」や売払決議書の調書が欠落し、貸付決議書の記述内容も、国会提出開示文書では一部異なっていたと報告されている。

隠し切れなくなったからだろうか、3月12日に財務省は、森友学園との国有地取引に関する決済文書の書き換えを認め、国会に調査報告を提出した。

---

⑬　政府は、森友問題に関する財務省の改竄など、公文書を巡る一連の不祥事を踏まえて、与野党の対決に至りかねない公文書管理法の改正には及ばない、微温な改善策をもって、乗り切る方針。 ㉒

①　管理体制強化－内閣府に全府省庁を監視する独立ポストを新設、各府省庁にも文書管理の専門部署を新設

②　懲罰規定－人事院の「懲戒処分の指針」に不適切行為への処分を明記、公文書管理法への罰則規定導入は見送り

③　改竄防止－電子決裁システムへの移行を促進

しかし、公文書管理法の改正に至らないことから、「膿を出し切る」（安倍首相）ことができず、表皮だけを整えることで内部がさらに化膿しないか心配な点がある。2017年12月の行政文書管理ガイドラインの改正の際に、会議録や打合せ記録について口裏合わせの簡素な記録しかないのか批判された点である。

ガイドライン改正を受けた財務省行政文書管理規則12条でも、「文書の正確性を確保するため…複数の職員による確認」（1項）と「財務省の外部の者との打合せ等の記録…相手方による確認等」（2項）が求められているが、このようなガイドラインと府省庁の規則の改正では、口裏を合わせたスカスカの空疎な記録しか残らないとする批判であった。

---

⑭　○○○○省行政文書管理要領の正しい運用 ㉓

4条　行政文書ファイルの整理

5条　行政文書ファイル等の分類の方法

6条　行政文書ファイル等の名称

7条　保存期間－常用、30年、10年、5年、3年、1年又は1年未満
8条　保存期間が1年未満の行政文書の取扱い
　　4号　重要又は異例な事項は、通常とは異なる取扱いをした場合等

○○○○省行政文書ファイル保存要領
4条　電子文書の保存
　　6号　共有フォルダの整理方法の例

---

⑮　福井新聞2018年3月31日の「越山若水」は「天子に戯言なし」との故事成句を引用して以下のとおり論じているが、興味深い。 ㉔

「▼「私や妻が関係していたということになれば、総理大臣も国会議員も辞める」。森友学園の国有地売却問題で、安倍晋三首相が言い放った啖呵を切るような答弁も見逃せない▼財務省による決裁文書改竄は、くしくも首相が明言した後から行われていた。ただ当時の佐川宣寿理財局長は証人喚問でその影響はないと否定した▼「改竄はひとえに私の責任」と殊勝だが、首相の不用意答弁が「忖度」の引き金になった可能性は消えない。一切の経緯は「刑事訴追の恐れがある」と証言拒否。真相は闇のまま幕引きを図るのは禁物である。」

---

⑯　公文書管理委員会においては、2017年12月に改正された行政文書管理ガイドラインに基づく各府省庁の行政文書管理規則の改正について諮問を受け、2018年3月26日にこれを承認し、提言した。各府省庁によっては、同規則をさらに具体化した行政文書管理規則細則が作成された。どの府省庁が行政文書管理規則細則を作成し、その内容はどのようなものか。たとえば、2017年、同細則によって、森友学園への国有地売却交渉記録は1年未満の保存文書としてすべて廃棄した財務省では、同細則の改正はどのようなものであるか。これらを国民として監視する必要がある。 ㉕

さらに、文書改竄や、不作成に対しては、ガイドライン改正の前提としてはおらず、法改正が必要。

---

⑰　しかし、より根本的課題として、公文書管理庁の設置など、公文書管理担当機関の権限の強化が必要。 ㉖

公文書管理法の仕組み、内閣総理大臣への報告（9条1項）、同大臣による調査（9条3項）、勧告（31条）、国立公文書館による実地調

査（9条4項）、公文書管理委員会による勧告案の調査審議（29条3号）だけでは、総理大臣や同夫人の調査に対応できない。

⑱　退職公務員を含む数百名にアーキビスト研修とレコードマネージメント研修を受けてもらい、公文書管理庁規模の公文書管理機関の強化はできないか。公文書の正しい保存、管理のために、これが喫緊の最重要課題。このことは、公文書管理法制定時から、残された課題とされていた。→多くは、各省庁の文書管理者の兼務で足りる。 ㉗

さらに、佐川宣寿理財局長（当時）の刑事訴追の可否如何では、公文書管理法に、公文書偽造罪（刑法155条）や虚偽公文書作成罪（同156条）に至らない、禁じ手というべき決裁供覧後の改竄や書き換えを処罰する罰則規定を設けることも必要となる。

⑲　「すりあわせた」簡素な記録しか残らないならば、さらなる情報公開法の改正が必要か。文書改竄や口裏合わせ文書の作成などの、今後の展開次第。 ㉘

①「組織的に用いるもの」の廃止
②「知る権利」明記
③　裁判所におけるインカメラ審理

<u>2017年日弁連大津人権大会決議</u> ㉙

「個人が尊重される民主主義社会の実現のため、プライバシー権及び知る権利の保障の充実と情報公開の促進を求める決議」から

Ⅰ　現代監視社会におけるプライバシー権保障の充実については、①インターネット上のデータ監視の禁止、②ＧＰＳ捜査などの強制捜査の法令による規制、③通信傍受拡大の抑制と会話傍受法制化の阻止、④「共謀罪」規定の廃止ないし抜本的見直しと運用監視、⑤情報機関の監督、⑥マイナンバーによる一元管理の規制を。
Ⅱ　知る権利の保障の充実のための情報公開の促進と権力監視の仕組みの強化については、①情報自由基本法（仮称）の制定、②情報公開法改正、③公文書管理法の改正と運用改善、④秘密保護法の廃止を含めた抜本的見直し、⑤スノーデン氏のような内部告発者を保護する公益通報者制度の確定、⑥グローバル・ジャーナリズムによる権力監視とその活動の促進について。

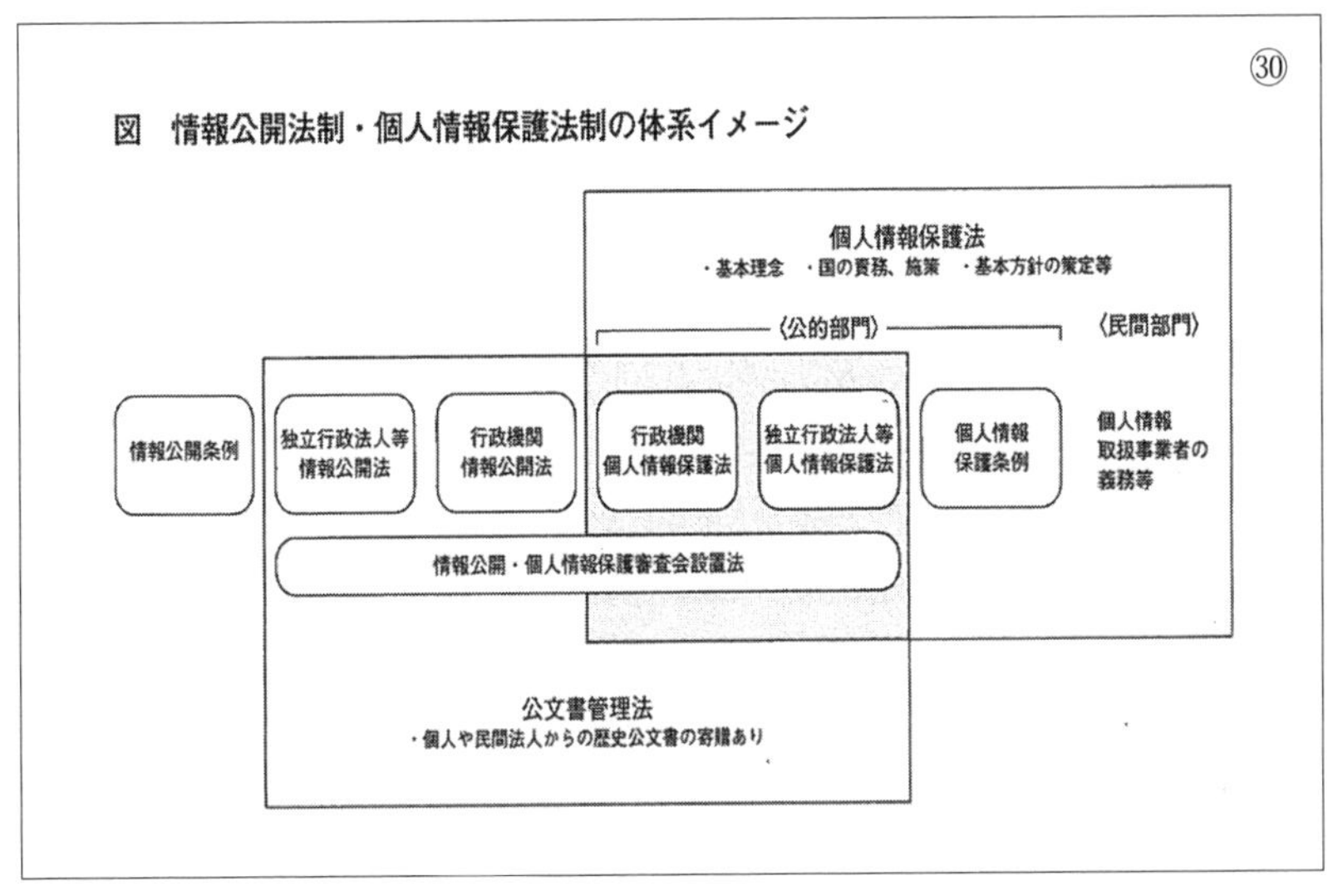
㉚
図　情報公開法制・個人情報保護法制の体系イメージ
個人情報保護法
・基本理念　・国の責務、施策　・基本方針の策定等
〈公的部門〉
〈民間部門〉
情報公開条例
独立行政法人等
情報公開法
行政機関
情報公開法
行政機関
個人情報保護法
独立行政法人等
個人情報保護法
個人情報
保護条例
個人情報
取扱事業者の
義務等
情報公開・個人情報保護審査会設置法
公文書管理法
・個人や民間法人からの歴史公文書の寄贈あり

㉛
日弁連が考える情報自由基本法の骨子
憲　法
表現の自由（第21条），知る権利（第21条），適正手続保障（第31条）
情報自由基本法（新設）
・知る権利の具体化
・「公的情報は本来，国民の情報」
・知る権利の充実　→　民主政の発展
情報公開等の促進
・公的情報は原則公開
・行政機関等は裁判所に対し，判断に必要な情報を全て提供しなければならない。
【関連法令】
○情報公開法
○情報公開条例
情報の作成・整理・保存の強化
・意思決定の過程の検証等のための文書作成・整理・保存義務を公的機関職員に課す。
・文書の廃棄・移管には市民に意見を述べる機会を付与。
【関連法令】
○公文書管理法
○公文書管理条例
秘密指定の制限・明確化
・公的情報は原則秘密指定できないこととし，秘密保護の正当性は公的機関に立証責任を負わせる。
・秘密指定に関し独立した第三者機関（独立監視機関）を設置し，当該機関に全ての情報に接する権限を持たせる。
【関連法令】
○秘密保護法
○国家公務員法
○地方公務員法
○防衛関連法令
情報取得・開示に対する制裁の限定
・情報取得行為や開示行為に対する制裁は，目的が不正でかつこれらによる不利益が利益を著しく上回る場合でない限り科してはならない。
【関連法令】
○公益通報者保護法
JFBA 日本弁護士連合会

公文書管理法の意義・課題と公文書管理条例への提言

公文書の管理、保存体制を強化するため、府省ごとに定めてきた文書の管理方法を作成から廃棄、保存まで一貫したルールに統一する「公文書等の管理に関する法律」（公文書管理法）が平成21年6月に制定された。また、地方自治体でも、公文書管理条例の制定を検討する動きがみられる。本稿では、公文書管理法の意義と課題について解説し、公文書管理モデル条例案を提言する。このモデル条例案は、香川県と相模原市の公文書管理条例の参考とされた。（初出：『自治体法務研究』二〇号三七頁）

1　はじめに──情報公開法の残された課題の達成

日本では、これまで、公文書管理法がなかったため、社会保険庁における年金記録の不適切な管理をはじめ、文書保存期間満了前の文書の誤破棄（「とわだ」の航泊日誌）、文書の倉庫への放置（C型肝炎関連資料）、文書の未作成（装備審査会議の議事録）等の問題が発生してきた。アメリカの国立公文書館で発見された沖縄返還密約について日本側の文書を廃棄したという近時の新聞報道もその一例である（二〇〇九年七月十日朝日新聞朝刊）。このような状況下において、福田康夫内閣官房長官当時の二〇〇三年に内閣府大臣官房長の研究会として、「歴史資料として重要な公文書等の適切な保護、利用等のための研究会」、さらにはこれを発展させて同年十二月に内閣官房長官主宰の「公文書等の適切な管理、保存及び利用に関する懇談会」で公文書管理のあり方を研究してきた。二〇〇八年、福田内閣総理大臣の指示により同内閣の重要施策とされ、公文書管理のあり方に関する有識者会議が設けられ、同会議の最終報告「『時を貫く記録としての公文書管理の在り方』～今、国家事業として取り組む～」をとりまとめ、それを踏まえ公文書管理法案が第一七一回国会に上程された。

結局、二〇〇九年六月、公文書管理法（以下、法ともいう）が制定された。情報公開法制定から十年にして、残された課題の一つは、一応、達成された。

本稿では、公文書管理法の意義と残された課題について概観し、公文書管理モデル条例案（以下、モデル条例案という）を提言する。

2　公文書管理法の意義とモデル条例案への提言

まず、法案修正により、法の目的に「公文書等が健全な民主主義の根幹を支える国民共有の知的資源として、主権者である国民が主体的に利用し得るものであること」と明記されたこと、意思決定過程文書の作成義務が明記されたこと、行政文書の廃棄について内閣総理大臣の同意等が要件とされたこと等は、一定の限度では評価し得るものであった。

(1)　法の目的について、知る権利の保障を明記することが、情報公開法の時と同様に、公文書管理法案の修正過程においても同様の議論になったが、「健全な民主主義の根幹を支える国民共有の知的資源」、「主権者である国民が主体的に利用しうるもの」と明定されたことにより、知る権利の保障と明記されなかったものの、情報公開法の付属法、積み残しの課題としての性格を超えて、「知的資源」として独自に公文書を位置づけ、国民主権、民主主義との関係もより一層明らかとなった。

さらに、多くの地方公共団体の情報公開条例では、既に、知る権利の保障が明記されていることをあわせ考慮すると、公文書管理条例の目的は、本稿末尾の公文書等の管理に関する条例案（以下、モデル条例案）一条のとおりとなる。

(2)　意思決定過程文書について、政府案は、「当該行政機関の意思決定並びに当該行政機関の事務及び事業の実績について」とされていたが、作成対象事項を明記のうえ、「経緯も含めた意思決定に至る過程、並びに当該行政機関の事務及び事業の実績を合理的に跡付け、又は検証することができるよう」と修正された（四条）。決裁文書にとどまらず、意思形成過程文書も保存・管理されることで、保存対象文書は拡大された。

この趣旨は、公文書管理条例にも生かされるべきであるから、モデル条例案四条のとおりとなる。

(3) 文書の廃棄にあたっての、内閣総理大臣の同意要件について、日本弁護士連合会の二〇〇九年四月二十四日付「公文書管理法案の修正と情報公開法の改正を求める意見書」(以下、日弁連法案修正意見)では、「アメリカでは、移管を含めた記録管理全体のシステムにおいて、アメリカ国立公文書館記録管理局(NARA)制定の「処分許可申請書(通称SFII5)を作成しNARAの承認を経て公文書を廃棄処分にすることが決まった場合は、官報で国民に公示し、国民は処分に対し意見書を提出できること」を参考に修正することを述べた。

このためか、行政文書ファイル等の廃棄にあたり内閣総理大臣の協議同意の規定が設けられた。これと同時に、行政文書ファイル管理簿は、「情報通信の技術を利用する方法により公表」されることになったから(法七条)、ファイル管理簿をホームページ上で検索・閲覧することにより、そのレコードスケジュールについて、事実上意見を述べることができる。モデル条例案では、八条四項に廃棄措置をとらないように求める市長の権限として盛り込んだ。

これらの各点にて、法律案は、修正され、よくなった。

それゆえ、これらの点は、公文書管理条例の制定においても、上記のとおり、最低限盛り込まれるべき条項であると考える。

しかし、積み残し部分もあるので、国会の附帯決議も参考として、今後もその改善に向け提言等をしていく予定である。公文書管理条例においても、この点を視野に入れて、条例づくりに反映されるべきであろう。

3 公文書管理法の残された課題とモデル条例案への反映

(1) 地方公共団体の文書管理については、三十四条で、地方公共団体は、文書の適正な管理に関して必要な施策を策定し、これを実施するよう努めなければならないとされているだけで、地方公共団体に対して法律上の文書管理の義務が課されているわけではない点が、不十分である。そこで、本稿のように、地方分権の趣旨を含めた公文書管理条例が検討されるべきこととなる。

(2) 公文書管理法第四章の国会と裁判所の公文書については、歴史公文書等（歴史資料として重要な公文書その他の文書）としての保存を認めるだけであって、レコードスケジュール設定の対象とされていない。刑事確定訴訟記録や軍法会議記録（「五・一五事件」や「二・二六事件」など）も、公文書管理法の適用除外とされている。モデル条例案二条一項で、議会を対象機関として含めるか問題提起しておいたが、あるいは独立した議会の公文書管理条例を策定するかをも考えるべき課題である。

(3) 公文書管理法では、有識者会議最終報告での公文書管理庁と「特別の法人」としての国立公文書館の構想が大きく後退した。国立公文書館への適正・円滑な移管を果たすためには、公文書管理担当機関として、一元的に公文書管理を担う「公文書管理庁」を設立すべきであり、また、国立公文書館は上記の「特別の法人」として明確に位置づけられるべきである。次項で述べるとおり、地方公共団体では公文書の公文書館への全件移管が望ましいから、それが実現できるのであれば、市長の付属機関か地方独立行政法人か、いずれの機関によるかは地方公共団体独自の判断がなされてもよいと考える。また、公文書管理担当機関としては、情報公開・個人情報保護審議会等で運用改善にあたることが望ましい。

(4) 内閣府または国立公文書館が、各行政機関の非現用文書をすべて受け入れることができる中間書庫を設置し、中間書庫に配置されたアーキビストによる廃棄及び移管の判断がなされるようにすべきであり、速やかに中間書庫を設置するとの方針を一層明確にすべきである。

神奈川県で公文書館条例に基づいて実施されているような、公文書館への全件移管方式が十分に機能するのであれば、中間書庫は必ずしも必要とまでは考えないが、この全件移管方式が機能しないのであれば、中間書庫は必要であろう。

(5) 公文書管理法では、IT化への対応は明確に規定されていない。主として紙媒体による行政文書の管理にとどまっている。電子政府化に対応して、IT化した文書の管理を明確に規定すべきである。

モデル条例案でもこの点は対応できていないが、地方公共団体においても、IT化した文書の管理は、今後の喫緊の課題である。

(6) 公文書管理法十六条による特定歴史公文書等の利用請求権の行使にあたっては、情報公開法制定にあたり改正された著作権法の公表権の制限規定(十八条三項、四項)や複製権の制限(四十二条の二)など、著作権法上の諸権利との調整がなされていない。著作権法上の公衆送信権等(二十三条一項、二項）との調整も図られるべきである。この点は、法律事項であるから、地方公共団体で独自に調整することはできないから、法の見直しの際に公文書管理条例に基づく利用請求権と著作権法上の諸権利との調整がなされるべきである（注：本論発表後、著作権法十八条三項、四項［公表権］四十二条三項［複製権］については法改正がなされている）。

(7)　国立公文書館に移管された特定歴史公文書等の利用請求権（公文書管理法十六条）について、利用拒否事由は、情報公開法五条と同様の規定にとどまっている。国際的慣行の「三十年原則」を法文上明記すると共に、利用拒否事由を限定する法改正が必要である。

モデル条例案では、情報公開条例の非公開事由の例によることとしたが、「三十年原則」を条例の法文上明記することが求められるといえよう。

(8)　そもそも、特定歴史公文書等について、国立公文書館に移管されても利用請求が制限されるという事態は、情報公開法の不開示情報が広範であるということに由来する。引き続き情報公開法の改正を求めていきたい。

この点も、情報公開条例の不開示情報のあり方として、同様に検討されるべきである。

4　そもそも行政手続条例型か情報公開条例型か

(1)　行政手続法が制定された際に、地方分権の趣旨から、地方公共団体の機関がする処分や地方公共団体の機関が命令等を定める行為については、行政手続法第二章から第六章までの規定は適用しないこととされたうえで（行政手続法三条三項）、その後、地方公共団体独自に、行政手続法とほぼ趣旨を同じくする行政手続条例が制定された。

(2) 情報公開の分野では、地方公共団体の情報公開条例の制定が先行し、この運用をふまえて、「行政機関の保有する情報の公開に関する法律」（情報公開法）が制定されたが、地方分権の趣旨から、「地方公共団体は、この法律の趣旨にのっとり、その保有する情報の公開に関し必要な施策を策定し、及びこれを実施するよう努めなければならない」とされ（二十六条）、情報公開法の直接適用とはされず、情報公開法を参考とする非公開事由に改正するなどがなされたものの、それぞれ独自の情報公開条例が制定された。

(3) 地方公共団体における公文書館の運営の代表例とされる神奈川県公文書館は、神奈川県公文書管理規則に基づき法務文書課長に一定の責任を付与されていることを前提としたうえで、公文書館条例三条「県の機関は、その保存する公文書等が現用でなくなったときは、速やかに当該公文書等を公文書館に引き渡さなければならない」の規定に基づき神奈川県の公文書を全件移管することとされているが、公文書館条例自体は、十二条からなる、簡易な手続の条例である。[1] 公文書管理法十六条の特定歴史公文書等の利用請求権などと同様の規定はない。大阪市公文書管理条例も、公文書の作成、保存等に関する基本的な事項を十四条にわたって定めるにとどまり、独自の利用請求権等は規定されていない。

これらの条例は、いずれも、神奈川県や大阪市の情報公開条例に基づく公文書の公開を予定しているからである。[2]

(4) 今般、修正のうえ制定された公文書管理法を参考として、これをすべて市区町村レベルの条例に対応させたものが、本稿末尾の「公文書等の管理に関する条例案（条例モデル案）」である。

内閣提出法案をベースに、一部分に修正箇所を明記し、さらに［ ］部分は、日弁連の修正提案ではあるが成立した公文書管理法の本文中には明記されなかった部分などをあえて盛り込んだものである。地方公共団体における既存の公文書管理条例よりも公文書の作成、保存、廃棄等の手続において手厚い規定の条例になるから、行政手続法に対応した行政手続条例の例にならい、できる限り公文書管理法にならった公文書管理条例を制定すべきではないかと考える。

もっとも特定歴史公文書等の利用請求及びその取扱いについての条例モデル十五条ないし二十条については、情報公開条例及び情報公開審査会において代置させる方が、行政効率が良いように思われる。しかし、特定歴史公文書等の利用請求の可否を判断するにあたり、条例モデル十五条四項のような、「時の経過を考慮するにあたり、作成後三十年以上を経過した特定歴史公文書等は、第一項第一号又は第二号に該当しないものと推定する」こととして、公文書館の長の判断によるといえども、作成後三十年以上を経過した公文書については原則として利用請求を可とする立法上の工夫が必要とされよう。この点は、日弁連法案修正意見として述べたところである。(3)

(1)神奈川県立公文書館については、石原一則「自治体の公文書管理―神奈川県の取り組みと課題」(『都市問題』99巻10号87頁二〇〇八年)

(2)地方公共団体における公文書管理の現状については、高橋滋「地方公文書管理法制の現状と課題」(『ジュリスト』1373号48頁二〇〇九年)

(3)前掲注(2)高橋論文でも、「地方公共団体における歴史的文化的公文書の利用に際しても、行政機関情報公開法・行政機関個人情報保護法の不開示事由を踏まえつつも、最終報告に示された歴史的文化的公文書の性格、地方公共団体の文書の性質等を踏まえて、利用限度の要請と住民の利用の便宜とのバランスがとれた利用制限の基準を設けることが求められよう」と指摘している(54頁)。

公文書等の管理に関する条例案（モデル条例案）

目次

第一章　総則（第一条―第三条）
第二章　行政文書の管理
　第一節　文書の作成（第四条）
　第二節　行政文書の整理等（第五条―第十条）
第三章　法人文書の管理（第十一条―第十三条）
第四章　歴史公文書等の保存、利用等（第十四条―第二十五条）
第五章　公文書管理委員会（第二十六条―第二十八条）
第六章　雑則（第二十九条―第三十一条）
　附則

※　条例案の条文全体では内閣提出法案の修正箇所を含む、
［］は知る権利性を高めるための修正提案（不修正）箇所、
〈〉は条例案作成のための検討課題。

第一章　総則

（目的）

第一条　この条例は、○○市及び地方独立行政法人等の諸活動や歴史的事実の記録である公文書等が、健全な民主主義の根幹を支える国民共有の知的資源として、主権者である○○市民が主体的に利用し得るものであることにかんがみ、国民主権の理念にのっとり、公文書等の管理に関する基本的事項を定めること等により、行政文書等の適正な管理、歴史公文書等の適切な保存及び利用等を図り、もって行政が適正かつ効率的に運営されるようにするとともに、○○市及び地方独立行政法人等の有するその諸活動を現在及び将来の市民［の知る権利を保障し、これに対する○○市及び地方独立行政法人等］に説明する責務が全うされるようにすることを目的とする。

（定義）

第二条　この条例において「実施機関」とは、○○市情報公開条例第二条に掲げる機関をいう。〈地方議会を含めるか〉

2　この条例において「地方独立行政法人等」とは、○○○○をいう。

3　この条例において「公文書館等」とは、実施機関の施設及び地方独立行政法人等の施設であって、公文書館法（昭和六十二年十二月十五日法律第一一五号）に基づき設置する公文書館（以下、「公文書館」という。）に類する機能を有するものとして条例又は規則で定めるもの

4　この条例において「行政文書」とは、実施機関の職員が職務上作成し、又は取得した文書（図画及び電磁的記録（電子的方式、磁気的方式その他人の知覚によっては認識することができない方式で作られた記録をいう。以下同じ。）を含む。第十八条を除き、以下同じ。）であって、当該行政機関の職員が組織的に用いるものとして、当該行政機関が保有しているものをいう。ただし、次に掲げるものを除く。

一　官報、白書、新聞、雑誌、書籍その他不特定多数の者に販売することを目的として発行されるもの

二　特定歴史公文書等

［附則　電子文書による原本扱いとする、公文書管理の抜本的改革をすすめる。］

5　この条例において「法人文書」とは、地方独立行政法人等の役員又は職員が職務上作成し、又は取得した文書であって、当該地方独立行政法人等の役員又は職員が組織的に用いるものとして、当該地方独立行政法人等が保有しているものをいう。ただし、次に掲げるものを除く。

一　官報、白書、新聞、雑誌、書籍その他不特定多数の者に販売することを目的として発行されるもの

二　特定歴史公文書等

三　規則で定める博物館その他の施設において、規則で定めるところにより、歴史的若しくは文

化的な資料又は学術研究用の資料として特別の管理がされているもの（前号に掲げるものを除く。）

6　この条例において「歴史公文書等」とは、歴史資料として重要な公文書その他の文書をいう。

7　この条例において「特定歴史公文書等」とは、歴史公文書等のうち、次に掲げるものをいう。

一　第八条第一項の規定により公文書館等に移管されたもの

二　第十一条第四項の規定により公文書館等に移管されたもの

三　法人その他の団体（以下「法人等」という。）又は個人から公文書館等に寄贈され、又は寄託されたもの

8　この条例において「公文書等」とは、次に掲げるものをいう。

一　行政文書

二　法人文書

三　特定歴史公文書等

（他の法令との関係）

第三条　公文書等の管理については、条例又はこれに基づく命令若しくは規則に特別の定めがある場合を除くほか、この条例の定めるところによる。

第二章　行政文書の管理

第一節　文書の作成

第四条　実施機関の職員は、第一条の目的の達成に資するため、当該実施機関における経緯も含めた意思決定に至る過程並びに当該実施機関の事務及び事業の実績を合理的に跡付け、又は検証することができるよう、処理に係る事案が軽微なものである場合を除き、次に掲げる事項その他の事項について、文書を作成しなければならない。

一　条例若しくは規則の制定又は改廃及びその経緯

二　前号に定めるもののほか、実施機関の長で構成される会議（これらに準ずるものを含む。）の決定又は了解及びその経緯

三　複数の行政機関による申合せ又は他の行政機関若しくは地方公共団体に対して示す基準の設定及びその経緯

四　個人又は法人の権利義務の得喪及びその経緯

五　職員の人事に関する事項

第二節　行政文書の整理等

（整理）

第五条　実施機関の職員が行政文書を作成し、又は取得したときは、当該実施機関の長は、規則で定めるところにより、当該行政文書について分類し、名称を付するとともに、保存期間及び保存期間の満了する日を設定しなければならない。

2　実施機関の長は、能率的な事務又は事業の処理及び行政文書の適切な保存に資するよう、単独で管理することが適当であると認める行政文書を除き、適時に、相互に密接な関連を有する行政文書（保存期間を同じくすることが適当であるものに限る。）を一の集合物（以下「行政文書ファイル」という。）にまとめなければならない。

3　前項の場合において、実施機関の長は、規則で定めるところにより、当該行政文書ファイルについて分類し、名称を付するとともに、［保存期間を最長三十年とし、この］保存期間及び保存期間の満了する日を設定しなければならない。

4　実施機関の長は、第一項及び前項の規定により設定した保存期間及び保存期間の満了する日を、規則で定めるところにより、［五年間］延長することができる。

5　実施機関の長は、行政文書ファイル及び単独で管理している行政文書（以下「行政文書ファイル等」という。）について、保存期間（延長された場合にあっては、延長後の保存期間。以下同じ。）の満了前のできる限り早い時期に、保存期間が満了したときの措置として、歴史公文書等に該当するものにあっては規則で定めるところにより公文書館等への移管の措置を、それ以外のものにあっては廃棄の措置をとるべきことを定めなければならない。

（保存）

第六条　実施機関の長は、行政文書ファイル等について、当該行政文書ファイル等の保存期間の満了する日までの間、その内容、時の経過、利用の状況等に応じ、適切な保存及び利用を確保するために必要な場所において、適切な記録媒体により、識別を容易にするための措置を講じた上で保存しなければならない。

［2　前項の場合において、実施機関の長は、規則の定めるところにより、中間書庫を設置して、当該行政文書ファイル等の集中管理の推進に努めなければならない。］

（行政文書ファイル管理簿）

第七条　実施機関の長は、行政文書ファイル等の管理を適切に行うため、規則で定めるところにより、行政文書ファイル等の分類、名称、保存期間、保存期間の満了する日、保存期間が満了したときの措置及び保存場所その他の必要な事項（〇〇市情報公開条例。以下「情報公開条例」という。）第〇条に規定する不開示情報に該当するものを除く。）を帳簿（以下「行政文書ファイル管理簿」という。）に記載しなければならない。ただし、規則で定める期間未満の保存期間が設定された行政文書ファイル等については、この限りでない。

2　実施機関の長は、行政文書ファイル管理簿について、規則で定めるところにより、当該実施機関の事務所に備えて一般の閲覧に供するとともに、電子情報処理組織を使用する方法その他の情報通信の技術を利用する方法により公表しなければならない。

（移管又は廃棄）

第八条　実施機関の長は、保存期間が満了した行政文書ファイル等について、第五条第五項の規定による定めに基づき、公文書館等に移管し、又は廃棄しなければならない。

2　実施機関の長は、前項の規定により、保存期間が満了した行政文書ファイル等を廃棄しようとするときは、あらかじめ、市長に協議し、その同意を得なければならない。この場合において、市長の同意が得られないときは、当該実施機関の長は、当該行政文書ファイル等について、新たに保存期間及び保存期間の満了する日を設定しなければならない。

3　実施機関の長は、第一項の規定により公文書館等に移管する行政文書ファイル等について、第十五条第一項第一号に掲げる場合に該当するものとして公文書館等において利用の制限を行うことが適切であると認める場合には、その旨の意見を付さなければならない。

4　○○市長は、行政文書ファイル等について特に保存の必要があると認める場合には、当該行政文書ファイル等を保有する実施機関の長に対し、当該行政文書ファイル等について、廃棄の措置をとらないように求めることができる。

（管理状況の報告等）

第九条　実施機関の長は、行政文書ファイル管理簿の記載状況その他の行政文書の管理の状況について、毎年度、○○市長に報告しなければならない。

2　○○市長は、毎年度、前項の報告を取りまとめ、その概要を公表しなければならない。

［3　何人も、第一項の廃棄予定文書その他の行政文書の管理の状況について、規則の定めるところ

により、意見を述べることができる。〕
4　○○市長は、第一項に定めるもののほか、行政文書の適正な管理を確保するために必要があると認める場合には、実施機関の長に対し、行政文書の管理について、その状況に関する報告若しくは資料の提出を求め、又は当該職員に実地調査をさせることができる。
5　○○市長は、前項の場合において歴史公文書等の適切な移管を確保するために必要があると認めるときは、公文書館に、当該報告若しくは資料の提出を求めさせ、又は実地調査をさせることができる。

（行政文書管理規則）
第十条　○○市長は、行政文書の管理が第四条から前条までの規定に基づき適正に行われることを確保するため、行政文書の管理に関する定め（以下「行政文書管理規則」という。）を設けなければならない。
2　行政文書管理規則には、行政文書に関する次に掲げる事項を記載しなければならない。
一　作成に関する事項
二　整理に関する事項
三　保存に関する事項
四　行政文書ファイル管理簿に関する事項
五　移管又は廃棄に関する事項
六　管理状況の報告に関する事項

七　その他この条例の適用にあたり特に必要な事項

3　○○市長は、行政文書管理規則を設けたときは、公文書管理委員会〈あるいは情報公開・個人情報保護審議会〉の同意を得たうえで、遅滞なく、これを公表しなければならない。これを変更したときも、同様とする。

第三章　法人文書の管理

（法人文書の管理に関する原則）

第十一条　地方独立行政法人等は、第四条から第六条までの規定に準じて、法人文書を適正に管理しなければならない。

2　地方独立行政法人等は、法人文書ファイル等（能率的な事務又は事業の処理及び法人文書の適切な保存に資するよう、相互に密接な関連を有する法人文書を一の集合物にまとめたもの並びに単独で管理している法人文書をいう。以下同じ。）の管理を適切に行うため、規則で定めるところにより、法人文書ファイル等の分類、名称、保存期間、保存期間の満了する日、保存期間が満了したときの措置及び保存場所その他の必要な事項（○○市情報公開条例）第○条に規定する不開示情報に該当するものを除く。）を帳簿（以下「法人文書ファイル管理簿」という。）に記載しなければならない。ただし、規則で定める期間未満の保存期間が設定された法人文書ファイル等については、この限りでない。

3　地方独立行政法人等は、法人文書ファイル管理簿について、規則で定めるところにより、当該独立行政法人等の事務所に備えて一般の閲覧に供するとともに、電子情報処理組織を使用する方法その他の情報通信の技術を利用する方法により公表しなければならない。

4　地方独立行政法人等は、保存期間が満了した法人文書ファイル等について、歴史公文書等に該当するものにあっては規則で定めるところにより公文書館等に移管し、それ以外のものにあっては廃棄しなければならない。

5　地方独立行政法人等は、前項の規定により公文書館等に移管する法人文書ファイル等について、第十五条第一項第二号に掲げる場合に該当するものとして公文書館等において利用の制限を行うことが適切であると認める場合には、その旨の意見を付さなければならない。

（管理状況の報告等）

第十二条　地方独立行政法人等は、法人文書ファイル管理簿の記載状況その他の法人文書の管理の状況について、毎年度、○○市長に報告しなければならない。

2　○○市長は、毎年度、前項の報告を取りまとめ、その概要を公表しなければならない。

［3　○○市長は、法人文書の管理については、第九条三項から五項までの規定に準じて、適正に管理しなければならない。］

（法人文書管理規則）

第十三条　地方独立行政法人等は、法人文書の管理が前二条の規定に基づき適正に行われることを確保するため、第十条第二項の規定を参酌して、法人文書の管理に関する定め（以下「法人文書管理規則」という。）を設けなければならない。

2　地方独立行政法人等は、法人文書管理規則を設けたときは、遅滞なく、これを公表しなければならない。これを変更したときも、同様とする。

第四章　歴史公文書等の保存、利用等

（特定歴史公文書等の保存等）

第十四条　公文書館等の長（公文書館等が行政機関の施設である場合にあってはその属する実施機関の長、公文書館等が地方独立行政法人等の施設である場合にあってはその施設を設置した地方独立行政法人等をいう。以下同じ。）は、特定歴史公文書等について、第二十三条の規定により廃棄されるに至る場合を除き、永久に保存しなければならない。

2　公文書館等の長は、特定歴史公文書等について、その内容、保存状態、時の経過、利用の状況等に応じ、適切な保存及び利用を確保するために必要な場所において、適切な記録媒体により、識別を容易にするための措置を講じた上で保存しなければならない。

3　公文書館等の長は、特定歴史公文書等に個人情報（生存する個人に関する情報であって、当該情報に含まれる氏名、生年月日その他の記述等により特定の個人を識別することができるもの（他の情報と照合することができ、それにより特定の個人を識別することができることとなるものを含む。）

をいう。）が記録されている場合には、当該個人情報の漏えいの防止のために必要な措置を講じなければならない。

4　公文書館等の長は、規則で定めるところにより、特定歴史公文書等の分類、名称、移管又は寄贈若しくは寄託をした者の名称又は氏名、移管又は寄贈若しくは寄託を受けた時期及び保存場所その他の特定歴史公文書等の適切な保存を行い、及び適切な利用に資するために必要な事項を記載した目録を作成し、公表しなければならない。

（特定歴史公文書等の利用請求及びその取扱い）

第十五条　公文書館等の長は、当該公文書館等において保存されている特定歴史公文書等について前条第四項の目録の記載に従い利用の請求があった場合には、次に掲げる場合を除き、これを利用させなければならない。

一　当該特定歴史公文書等が実施機関の長又は地方独立行政法人から移管されたものであって、当該特定歴史公文書等に次に掲げる情報が記録されている場合

イ　○○市情報公開条例第○条第一号に掲げる情報

ロ　○○市情報公開条例第○条第二号又は第六号イ若しくはホに掲げる情報

ハ　公にすることにより、犯罪の予防、鎮圧又は捜査、公訴の維持、刑の執行その他の公共の安全と秩序の維持に支障を及ぼすおそれがある情報

二　当該特定歴史公文書等が国の機関から移管されたものであって、当該国の機関との合意において利用の制限を行うこととされている場合

三　当該特定歴史公文書等がその全部又は一部を一定の期間公にしないことを条件に法人等又は個人から寄贈され、又は寄託されたものであって、当該期間が経過していない場合

四　当該特定歴史公文書等の原本を利用に供することにより当該原本の破損若しくはその汚損を生ずるおそれがある場合又は当該特定歴史公文書等を保存する公文書館等において当該原本が現に使用されている場合

2　公文書館等の長は、前項に規定する利用の請求（以下「利用請求」という。）に係る特定歴史公文書等が同項第一号又は第二号に該当するか否かについて判断するに当たっては、当該特定歴史公文書等が行政文書又は法人文書として作成又は取得されてからの時の経過を考慮するとともに、当該特定歴史公文書等に第八条第三項又は第十一条第五項の規定による意見が付されている場合には、当該意見を参酌しなければならない。

3　公文書館等の長は、第一項第一号から第四号までに掲げる場合であっても、同項第一号イからハまで若しくは第二号に掲げる情報又は同項第三号の制限若しくは同項第四号の条件に係る情報が記録されている部分を容易に区分して除くことができるときは、利用請求をした者に対し、当該部分を除いた部分を利用させなければならない。ただし、当該部分を除いた部分に有意の情報が記録されていないと認められるときは、この限りでない。

［4　第二項の時の経過を考慮するにあたり、作成後三十年以上を経過した特定歴史公文書等は、第一項第一号又は第二号に該当しないものと推定する。］

（本人情報の取扱い）

第十六条　公文書館等の長は、前条第一項第一号イ及び第二号の規定にかかわらず、これらの規定に掲げる情報により識別される特定の個人（以下この条において「本人」という。）から、当該情報が記録されている特定歴史公文書等について利用請求があった場合において、規則で定めるところにより本人であることを示す書類の提示又は提出があったときは、本人の生命、健康、生活又は財産を害するおそれがある情報が記録されている場合を除き、当該特定歴史公文書等につきこれらの規定に掲げる情報が記録されている部分についても、利用させなければならない。

（第三者に対する意見書提出の機会の付与等）

第十七条　利用請求に係る特定歴史公文書等に国、独立行政法人等、地方公共団体、地方独立行政法人及び利用請求をした者以外の者（以下この条において「第三者」という。）に関する情報が記録されている場合には、公文書館等の長は、当該特定歴史公文書等を利用させるか否かについての決定をするに当たって、当該情報に係る第三者に対し、利用請求に係る特定歴史公文書等の名称その他規則で定める事項を通知して、意見書を提出する機会を与えることができる。

2　公文書館等の長は、第三者に関する情報が記録されている特定歴史公文書等の利用をさせようとする場合であって、当該情報が○○市情報公開条例第○条第一号ただし書若しくは第二号ただし書に規定する情報に該当すると認めるときは、利用させる旨の決定に先立ち、当該第三者に対し、利用請求に係る特定歴史公文書等の名称その他規則で定める事項を書面により通知して、意見書を提出する機会を与えなければならない。ただし、当該第三者の所在が判明しない場合は、この限りでない。

3　公文書館等の長は、特定歴史公文書等であって第十五条第一項第一号ハに該当するものとして第八条第三項の規定により意見を付されたものを利用させる旨の決定をする場合には、あらかじめ、当該特定歴史公文書等を移管した行政機関の長に対し、利用請求に係る特定歴史公文書等の名称その他規則で定める事項を書面により通知して、意見書を提出する機会を与えなければならない。

4　公文書館等の長は、第一項又は第二項の規定により意見書を提出する機会を与えられた第三者が当該特定歴史公文書等を利用させることに反対の意思を表示した意見書を提出した場合において、当該特定歴史公文書等を利用させる旨の決定をするときは、その決定の日と利用させる日との間に少なくとも二週間を置かなければならない。この場合において、公文書館等の長は、その決定後直ちに、当該意見書（第二十条第二項第二号において「反対意見書」という。）を提出した第三者に対し、利用させる旨の決定をした旨及びその理由並びに利用させる日を書面により通知しなければならない。

（利用の方法）

第十八条　公文書館等の長が特定歴史公文書等を利用させる場合には、文書又は図画については閲覧又は写しの交付の方法により、電磁的記録についてはその種別、情報化の進展状況等を勘案して規則で定める方法により行う。ただし、閲覧の方法により特定歴史公文書等を利用させる場合にあっては、当該特定歴史公文書等の保存に支障を生ずるおそれがあると認めるときその他正当な理由があるときに限り、その写しを閲覧させる方法により、これを利用させることができる。

（手数料）

第十九条　写しの交付により特定歴史公文書等を利用する者は、規則で定めるところにより、手数料を納めなければならない。

2　前項の手数料の額は、実費の範囲内において、できる限り利用しやすい額とするよう配慮して、公文書館等の長が定めるものとする。

（異議申立て及び公文書管理委員会への諮問）

第二十条　利用請求に対する処分又は利用請求に係る不作為について不服がある者は、公文書館等の長に対し、行政不服審査法（昭和三十七年法律第百六十号）による異議申立てをすることができる。

2　前項の異議申立てがあったときは、当該異議申立てを受けた公文書館等の長は、次の各号のいずれかに該当する場合を除き、公文書管理委員会に諮問しなければならない。〈情報公開・個人情報保護審査会とするか〉

一　異議申立てが不適法であり、却下するとき。

二　決定で、異議申立てに係る利用請求に対する処分を取り消し又は変更し、当該異議申立てに係る特定歴史公文書等の全部を利用させることとするとき。ただし、当該異議申立てに係る特定歴史公文書等の利用について反対意見書が提出されているときを除く。

（利用の促進）

第二十一条　公文書館等の長は、特定歴史公文書等（第十五条の規定により利用させることができるものに限る。）について、展示その他の方法により積極的に一般の利用に供するよう努めなければならない。

（移管元行政機関等による利用の特例）

第二十二条　特定歴史公文書等を移管した実施機関の長又は地方独立行政法人等が公文書館等の長に対してそれぞれその所掌事務又は業務を遂行するために必要であるとして当該特定歴史公文書等について利用請求をした場合には、第十五条第一項第一号又は第二号の規定は、適用しない。

（特定歴史公文書等の廃棄）

第二十三条　公文書館等の長は、特定歴史公文書等として保存されている文書が歴史資料として重要でなくなったと認める場合には、〇〇市長に協議し、その同意を得て、当該文書を廃棄することができる。

（保存及び利用の状況の報告等）

第二十四条　公文書館等の長は、特定歴史公文書等の保存及び利用の状況について、毎年度、〇〇市長に報告しなければならない。

2　○○市長は、毎年度、前項の報告を取りまとめ、その概要を公表しなければならない。

（利用等規則）

第二十五条　公文書館等の長は、特定歴史公文書等の保存、利用及び廃棄が第十四条から第十九条まで及び第二十一条から前条までの規定に基づき適切に行われることを確保するため、特定歴史公文書等の保存、利用及び廃棄に関する定め（以下「利用等規則」という。）を設けなければならない。

2　利用等規則には、特定歴史公文書等に関する次に掲げる事項を記載しなければならない。

一　保存に関する事項

二　第十九条に規定する手数料その他一般の利用に関する事項

三　特定歴史公文書等を移管した実施機関の長又は地方独立行政法人等による当該特定歴史公文書等の利用に関する事項

四　廃棄に関する事項

五　保存及び利用の状況の報告に関する事項

3　公文書館等の長は、利用等規則を設けようとするときは、あらかじめ、○○市長に協議し、その同意を得なければならない。これを変更しようとするときも、同様とする。

4　公文書館等の長は、利用等規則を設けたときは、遅滞なく、これを公表しなければならない。これを変更したときも、同様とする。

第五章　公文書管理委員会

（委員会の設置）

第二十六条　公文書管理委員会（以下「委員会」という。）を置く。

2　委員会は、この条例の規定によりその権限に属させられた事項を処理する。

3　委員会の委員は、公文書等の管理に関して優れた識見を有する者のうちから、○○市長が任命する。

4　この条例に規定するもののほか、委員会の組織及び運営に関し必要な事項は、規則で定める。

（委員会への諮問）

第二十七条　○○市長は、次に掲げる場合には、委員会に諮問しなければならない。

一　第二条第三項、第五項第三号、第五条第一項若しくは第三項から第五項まで、第七条、第十条第二項第七号、第十一条第二項から第四項まで、第十四条第四項、第十六条、第十七条第一項から第三項まで、第十八条又は第十九条第一項の規則の制定又は改廃の立案をしようとするとき。

二　第十条第三項、第二十三条又は第二十五条第三項の規定による同意をしようとするとき。

三　第二十九条の規定による勧告をしようとするとき。

（資料の提出等の求め）

第二十八条　委員会は、その所掌事務を遂行するため必要があると認める場合には、関係行政機関の長又は公文書館等の長に対し、資料の提出、意見の開陳、説明その他必要な協力を求めることができる。

［2　何人も、委員会に対し、公文書の管理について、意見を述べることができる。

3　委員会は、その所掌事務を遂行するため必要がある場合には、○○市長に建議することができる。］

第六章　雑則

（市長の勧告）

第二十九条　○○市長は、この条例を実施するため特に必要があると認める場合には、実施機関の長に対し、公文書等の管理について改善すべき旨の勧告をし、当該勧告の結果とられた措置について報告を求めることができる。

（研修）

第三十条　実施機関の長及び地方独立行政法人等は、それぞれ、当該実施機関又は当該地方独立行政法人等の職員に対し、公文書等の管理を適正かつ効果的に行うために必要な知識及び技能を習得させ、及び向上させるために必要な研修を行うものとする。

2　公文書館は、実施機関及び地方独立行政法人等の職員に対し、歴史公文書等の適切な保存及び移管を確保するために必要な知識及び技能を習得させ、及び向上させるために必要な研修を行うものとする。

（組織の見直しに伴う行政文書等の適正な管理のための措置）

第三十一条　実施機関の長は、当該実施機関について統合、廃止等の組織の見直しが行われる場合には、その管理する行政文書について、統合、廃止等の組織の見直しの後においてこの条例の規定に準じた適正な管理が行われることが確保されるよう必要な措置を講じなければならない。

2　地方独立行政法人等は、当該地方独立行政法人等について民営化等の組織の見直しが行われる場合には、その管理する法人文書について、民営化等の組織の見直しの後においてこの法律の規定に準じた適正な管理が行われることが確保されるよう必要な措置を講じなければならない。

附則

第一条　この条例は、公布の日から起算して二年を超えない範囲内において規則で定める日から施行する。

第二条　○○市が設置する公文書館には、この条例の公布の日から逆算して二年を超えない範囲内において規則で定める日までに、公文書館法（昭和六十二年十二月十五日法律第一一一五号）第四条第二項の専門職員を置くものとする。

第三条　○○市が公文書館法に基づき設置する公文書館については、図書館法（昭和二十五年四月三十日法律第一一八号）に基づき○○市に設置する公立図書館との併館を妨げない。

※　本モデル案と公文書管理法および情報公開法改正の展望についての全体像については、別稿「公文書管理法の修正過程と公文書管理条例制定・情報公開法改正への展望」（『獨協ロー・ジャーナル』5号二〇一〇年三月）収録、および筆者の属する原後綜合法律事務所のHP上の筆者紹介欄末尾の主要論文として掲載している。

「情報公開制度の改正の方向性について」に関する論点整理（三訂版）

行政透明化検討チーム
座長代理　三宅　弘

行政透明化検討チームは、行政の透明性のあり方を検討し、国の情報公開制度に関して抜本的見直しを図るため、四月二十日以降五回の会合で議論を行った。先般の新内閣発足に伴う菅直人内閣総理大臣の所信表明演説において「情報公開法の改正を検討する」と述べられていることは、行政の透明化の重要性を示すものとして特筆すべきことである。本検討チームでは、座長である内閣府特命担当大臣（行政刷新）より示された「情報公開制度の改正の方向性について」の方向性をさらに明らかにすべく、各参集者からの意見のほか、パブリック・コメントにより「国民の声」・「職員の声」を聴取、各府省庁の情報公開担当者の意見も議論の参考とした。

以下は、これらの意見等をできる限り盛り込み、座長代理の責任において、本検討チームの議論の概要をまとめ、座長代理の私案も含め、それぞれの意見を整理して掲げたものである。

本三訂版は、六月二十三日の本検討チームの議論及び七月九日のワーキンググループにおける関係各省庁等の意見並びにその後の七月二十二日の本検討チームの議論等における有識者委員の意見等をふまえ、論点整理平成二十二年七月二十二日付補訂版に加筆補正したものである。

（注）以下で、行政機関情報公開法を「法」ということがあるが、一般には、独立行政法人等情報公開法についても同様の論点が考えられる。

第1　目的の改正（行政機関情報公開法第1条、独立行政法人等情報公開法第1条、公文書管理法第1条関係）

法律の目的において、「国民の知る権利」の保障の観点を明示するべきではないか。

■論点整理

1　「国民の知る権利」の保障を明示し、かつ「説明責務」をそのまま残す。

2　「行政の監視と参加」及び「透明な行政」の視点を、「国民の的確な理解と批判の下にある公正で民主的な行政の推進に資する」の部分に明記する。

□議論の経緯

1　当該提案に対しては、異論は見られなかった。

なお、憲法学の見地より、そもそも行政機関の保有する情報が国民の共有するものであるとすれば（公文書管理法第1条参照）、そのような情報は当然に国民に還流させるべきものであるから、給付請求または作為請求と解される「国民の知る権利」は情報公開法制定以前からすでに成熟した権利であると考えられる旨の指摘がなされた。この考え方によれば、還流すべき情報の流れが国民に到達する前に、政府の行為によって妨害されていれば、その妨害行為を排除する権利が憲法21条から直接導き出されるという構成となるのであって、従前の最高裁判所の判例は、妨害行為を排除する権利としての側面を確認したものと理解することができる。ただし、「知る権利」を憲法上の権利として成熟していたものととらえるとしても、その内容をより精密に具体化するために、「行政文書の開示を請求する権利」として、情報公開法1条の中で確認した上で、その要件・効果の詳細を他の条文の中に規定する必要があったと解すべきことになる。加えて、「国民の知る権利」を法目的に明記することには、立法者による権利の縮減（立法裁量論）に対する歯止めや、行政裁量に対する統制機能が期待されるなどの重要な意義があることが確認された。

2　もっとも、「国民の知る権利」の保障の観点が目的規定に明記された場合でも、情報公開法の個々の規定の解釈は、目的規定だけではなく、この改正目的を受けて改正された個々の実体法の規定に基づき解釈されるものであるとの意見や、「国民の知る権利」の保障の観点を具体化するかたちで、①不開示情報の認定判断における行政裁量の縮減、②情報公開制度の適用対象の拡大、を図るべきである旨の意見が出された。また、これらの意見を受けて、不開示情報（5条）、部分開示（6条）及び公益上の裁量的開示（7条）の解釈が適正になされる旨の条文化の工夫もすべきではないかという意見も出された。

3　さらに、「国民の知る権利」の保障を明記した場合でも、「説明責務」の視点は残すべきである旨の意見も出されたほか、「行政の監視」の視点を明記するべきである旨の意見が出された。「説明責務」の存置については、単に、「国民の説明を受ける法律上の権利」に対応する義務をその内容とするにとどまらず、請求がない場合でも、また仮に国民に具体的権利が発生しないような場合においても、行政機関が国民主権の理念を具体化するために負う義務、さらにより多くの具体的権利を構築していく根拠となるという重要な役割を担うものとなるのではないかという意見が出された。

「行政の監視と参加」の視点については、行政改革委員会の意見では、「国民による監視・参加の充実」と提言されていたところ、情報公開法の制定段階では、「理解と批判」としての表現に変わったという経緯がある。これについては、政治資金規正法の目的規定に例をみるとおり、立法府を構成する国会議員等の政治活動には「国民の不断の監視」が求められるのに、官僚組織たる政府に対して国民の「監視」が「法制」上あり得ないとする議論は、完全に克服されるべきであるとして、情報公開制度を、国民が主体性をもって官僚組織に対するガヴァナンスを有効に働かせるツールへと転換させることを明らかにするために、国民による行政の「監視」という文言を明記すべきという意見がある。また、行政の「透明性」は、「行政上の意思決定について、その内容及び過程が国民にとって明らかであることをいう」と定義されているところ（行政手続法1条1項）、民主的コントロールの下で行政決定を規律する趣旨で、また、不開示決定における理由付記の充実を支える意味でも、情報公開法の目的規定に「透明性」加えるべきとの意見がある。「国民の監視と参加の下にある公正で透明性のある民主的な行政の推進に資する」とするか。あるいは、端的に、「国民の公正かつ透明な行政に対する監視及び参加の充実に資する」とするか。国民の主体性をより明確に示すには後者がよいとする意見がある。

第2　開示・不開示の範囲等に関する改正

開示請求が行われた際に、不開示又は部分開示になる場合について、現行の情報公開制度を以下のとおり改正し、より充実した開示内容になるようにすべきではないか。

■論点整理

上記提案のとおり、開示請求が行われた際に、不開示又は部分開示になる場合について、上記第1の「国民の知る権利」の保障の明記と共に、現行の情報公開制度を以下のとおり改正し、より充実した開示内容になるようにすべきである。

□議論の経緯

前記第1の目的の改正においては、「国民の知る権利」を法目的に明記することは、立法者による権利の縮減（立法裁量論）に対する歯止めや、行政裁量に対する統制機能が期待されるなどの重要な意義があることが確認された。また、情報公開法の個々の規定の解釈は、目的規定だけではなく、この改正目的を受けて改正された個々の実体法の規定に基づき解釈されるものであるとの意見も述べられた。

上記「論点整理」は、これらの意見をふまえて、法1条に「国民の知る権利」の保障を明記すると共に、これを受けて、より充実した開示内容になるよう、情報公開法5条の改正を提案するものである。

1　個人に関する情報（行政機関情報公開法第5条第1号、独立行政法人等情報公開法第5条第1号関係）

公務員等の職務の遂行に係る情報について、当該公務員等の職及び職務遂行の内容に加えて、当該公務員等の氏名も原則として開示する。

■論点整理

1　当該公務員等の氏名も原則として開示する。この場合、平成十七年八月三日情報公開に関する連絡会議申合せの観点を反映させるか、さらに、その内容以上の実質的内容を法令事項とするかによって、条文の明記の仕方が異なる。

2　なお、さらに、上記大臣案原案（公務員等の氏名の原則開示）にとどまらず、「個人識別型」の条文を「プライバシー型」に変更するか、あるいは「プライバシー型」の視点を加えるか。少なくとも、法5条1号本文を「特定の個人を識別することができるもの（中略）のうち通常他人に知られたくないと認められるもの（後略）」と規定するか、同1号イを「法令の規定により又は慣行として公にされ、又は公にすることが予定されているものその他公にすることが正当と認められる情報」と規定するか、個人識別型でどのような情報が開示されないのが不都合かを具体的に提示し、それを類型化し1号に明文で付け加えることは必要ではないか。これらについて、それぞれ意見が出された。

なお、さらに「国民の知る権利」の保障とプライバシー保護との調整については、個人情報保護法や行政機関個人情報保護法における第三者提供制限の規定の取り扱いにもかかわるところであるので、消費者委員会個人情報保護専門調査会等において、別途、検討されるべきである。

□議論の経緯

1　当該提案に対しては、賛成意見が多数を占めた。

賛成意見からは、平成十七年八月三日の連絡会議の申合せの観点を反映させるべく、必要な改正を行うべき旨や、同時に、懇談会等の会議における発言者名（公務員でなくても開示）についても、法令レベルのものとするべきである旨の提案がなされた。「平成十七年連絡会議申合せ」とは、「各行政機関は、その所属する職員（補助的業務に従事する非常勤職員を除く。）の職務遂行に係る情報に含まれる当該職員の氏名については、特段の支障の生ずるおそれがある場合を除き、公にするものとする。なお、特段の支障の生ずるおそれがある場合とは、以下の場合をいう。①氏名を公にすることにより、情報公開法5条第2号から第6号までに掲げる不開示情報を公にすることとなるような場合、②氏名を公にすることにより、個人の権利利益を害することとなるような場合」である。情報公開法にこの観点を入れるとすると、法5条1号ハは「当該公務員の職及び氏名並びに当該職務遂行の内容に係る部分（当該公務員の氏名を公にすることにより当該個人の正当な権利利益を不当に害するおそれがある場合にあっては、当該部分を除く。）」と明記することになろうか。

2　また、大臣案原案にかかる公務員の氏名の原則開示にとどまらず、現行法の個人識別型を改め、いわゆるプライバシー型に変更するべきである旨の意見も出された。

この意見は、現行規定の「個人識別型」の構造は、原則非公開の発想に基づくものであり、原則公開という情報公開制度の考え方にそぐわないのではないか、また、政府の政策形成、意思決定といった公的領域に関わる個人に関しては、原則として個人情報として不開示とされるべきではない、という問題意識から出るものである。

プライバシー型を採用するに際しては、名古屋市の条例を参考にするべき旨の意見（法5条1号本文を「特定の個人を識別することができるもの（中略）のうち通常他人に知られたくないと認められるもの」などと規定する）が出されたほか、5条1号イに「通常他人に知られたくないと認められるもの」を含みうる文言を追加し、「その他公にすることが正当と認められるもの」を末尾に追加することも考えられる。後者の考え方によれば、5条1号イは、「法令の規定により又は慣行として公にされ、又は公にすることが予定されているものその他公にすることが正当と認められる情報」と規定されることとなるが、この場合は、規範の中心は「公にすることが正当と認められる」か否かという要件にかかることとなり、1号イの文言のみでなく、ロ、ハの位置付けも不明確になるおそれはないかという意見がある。また、現行法は、現代社会においては個人情報は守られるべきということを出発点としており、「その他正当な事由」ではなく、個人識別型でどのような情報が開示されないのが不都合かを具体的に提示し、それを類型化し1号に明文で付け加えるべきという意見がある。

もっとも、少なくとも「プライバシー型」の視点を加味することで、「平成十七年連絡会議申合せ」内容以上の実質的内容を法令事項とすることにもつながるし、また、中央省庁等改革基本法30条5号の趣旨（審議会等の会議・議事録の原則公開）をふまえて、さらに懇談会等の会議における発言者名（公務員でなくても開示）についても、法令レベルのものとなると考えられる。なお従前の情報公開法の制度運営に関する検討会報告においても、「行政運営上の懇談会等における発言者の氏名等については、各会議の性質等に応じ、公務員の氏名に準じて原則公開する方向で統一すること」とされていた。しかし、懇談会等における発言者の氏名等で開示されないものが現に存在し、これが不都合と解される事例があることから、これを類型化し明文で付加するという考え方もある。

3　本検討チームでは、上記2のとおり、「プライバシー型」に変更すべきとする意見と、個人識別型でどのような情報が開示されないのが不都合かを具体的に提示し、それを類型化し1号に明文で付け加えるべきとの意見が出された。

さらに、「国民の知る権利」の保障とプライバシー保護との調整を情報公開法において行うとすると、以下の私案も考えられる。すなわち、法5条1号本文後段を「特定の個人を識別することはできないが、公にすることにより、なお個人の名誉、生活の平穏その他の正当な権利利益を害するおそれがあるもの」などとし、同号イを「公にされている情報又は公にされるべき情報その他公にすることが予定されている情報」などとし、同1号ロを、「請求者又はそれ以外の者について、その生命……を保護するため」などとし、さらに同1号ハに加えて「当該個人が公務員等以外の者である場合において、当該情報が、国の機関、独立行政法人等、地方公共団体及び地方独立行政法人がその行う事務又は事業の運営上の参考に資するために学識経験者その他の公務員以外の者の参集を求めて開催した会議に関する情報であるとき」は、「当該情報のうち、当該公務員以外の者の氏名及びその発言の内容に係る部分」も原則として開示することとしてはどうか、という案である。このうち1号本文後段を「名誉、生活の平穏その他の正当な権利利益」とすることによって、立法段階で想定された例よりも現実に広く適用されている非識別個人情報の不開示について、その正当性を判断することにより絞りをかけることができる。また、1号イは、「公にされるべき情報」と判断されるものをできる限り「公にすることが予定されている」の解釈に含めることを明示し、1号ロは、「請求者が何人であっても、開示・不開示の判断は一律であるとする現行の情報公開法制においても、「請求者」か「それ以外の第三者」かを類型的に検討することで、開示の必要性をよりきめ細かく判断することができる。さらに、1号ハに加えて、新たに合議制機関等の委員や有識者の氏名も原則として開示することで、個人識別型で開示されない不都合も相当程度解決されるのではないか。

この他、1号イの「公にすること」と個人情報の第三者提供との関係や、情報公開法においてプライバシー型に変更することについては、消費者委員会個人情報保護専門調査会等においても、別途、検討されるべきである。

なお、知る権利の保障とプライバシー保護との調整のためには、条文改正を待たずとも、情報公開・個人情報保護審査会や訴訟においても法5条1号イ及びロをより積極的に解釈適用されるべきであることにも留意しておきたい。

2　法人等に関する情報（行政機関情報公開法第5条第2号、独立行政法人等情報公開法第5条第2号関係）

法人等が行政機関・独立行政法人等の要請を受けて公にしないとの条件で任意に提供した情報を不開示情報とする旨の規定を削除する。

■論点整理

1　非公開特約付任意提供情報の不開示情報の規定（情報公開法5条2号ロ）は、削除する。この場合には、任意特約は、法人等の利益は法5条2号イの「正当な利益」等、行政機関の支障は、法5条6号本文の「当該事務又は事業の適正な遂行に支障を及ぼすおそれがあるもの」の解釈適用によって判断することとなる。

2　ただし、この方向性をあえて確認しないのであれば、法5条2号ロを「当該条件を付することが当該情報の性質、当時の状況等に照らして十分に合理的であると認められるもの」と要件を加重して存置するという考え方もあるので、慎重な検討のうえ、判断すべきである。

3　以上につき、審議検討のうえ、大臣案原案どおり削除することとするが、上記1のとおり、行政機関の支障は、法5条6号本文の解釈適用によって判断する。

□議論の経緯

1　当該提案に対しては、賛成意見が多数を占めたが、何のために当該規定を削除するのかを明らかにしたうえで、慎重な検討を要する旨の意見も出された。

「方向性」に賛成する意見は、法人等からの任意提供情報を広く不開示とする規定を削除することにより、安易な不開示の判断を抑制すること等の積極的意義を認めるものである。また、そもそも、「正当な利益」（法5条2号イ）で判断できないような「合理的な非公開特約」（同号ロ）が理論上ありうるのかとの疑問も呈されている。

他方で、慎重な検討を要する旨の意見は、当該改正の趣旨が、我が国の行政スタイルを変え、明確な報告徴収権の行使を促す趣旨であるのか、あるいは同規定の濫用排除に止まるのかを明らかにしたうえで、当該不開示規定削除の是非を検討するべきであるとするものである。

2　もっとも、いずれの立場からも、法人等による任意提供情報のうち、公にしないことに合理性が認められるものは、正当な利益（5条2号イ）、あるいは事務事業の適正な遂行に支障を及ぼすおそれのある情報（5条6号）に該当し、不開示となるという理解を前提としている。この場合には、法5条2号本文ただし書（「人の生命、健康、生活又は財産を保護するため」の開示）は、法5条6号本文の「事業の適正な遂行」で解釈することとなる。

したがって、［論点整理］1、2のいずれかの考え方を採るかについて、政治的判断も必要となるのではないかと思われ、そのような方向性が明らかにされた。

3　国の安全、公共の安全等に関する情報（行政機関情報公開法5条3号・4号関係）

公にすることにより、国の安全が害されるおそれ、公共の安全と秩序の維持に支障を及ぼすおそれ等がある情報の不開示要件について、それらの「おそれがあると行政機関の長が認めることにつき相当の理由がある情報」とあるのを、それらの「おそれがある情報」と改める。

■論点整理

1　国の安全、公共の安全等に関する情報の不開示情報（情報公開法5条3号・4号など）は、現行法の規定では司法審査の基準としてほとんど機能していないことから、後記第5、2及び3のヴォーン・インデックス及びインカメラ審理手続の採用とあわせ改正すべきである。

2　この場合に、「おそれがある情報」に改正するという大臣案原案に対し、規定の適用範囲を事項的に限定する改正を行うべきとする意見や、インカメラ審理手続が採用されることを前提として行政の判断（あるいは政治主導）の特殊性をなお考慮すべきとする意見がある。

規定の適用範囲を事項的に限定し、行政の判断（あるいは政治主導）の特殊性をなお考慮すべきこととしつつも、裁判所の最終的判断における司法審査の基準としても機能するために、条文を改正するべきである。これらの改正の趣旨を確認したうえで、大臣案原案による。

3　ただし、この場合には、「国民の知る権利」を保障する「原則開示の基本的枠組み」としての不開示情報である「おそれがある情報」については、行政機関がその主張立証をすることとなるが、その場合においても、抽象的かつ規範的要件である「国の安全が害されるおそれ」や「公共の安全と秩序の維持に支障を及ぼすおそれ」の解釈適用において、これまで情報公開・個人情報保護審査会などで行われてきたように、行政機関の高度の政策的判断や専門的技術的判断としての、その第一次的な判断をふまえた判断がなされるべきである。

□議論の経緯

1　当該提案に対しては、これに賛成する意見と、下記2、(1)、(2)のように、行政機関の長による判断を尊重する枠組みを維持しつつ、一定の制限を施すべきである旨の意見が出された。

当該提案に賛成する意見は、

① 情報公開・個人情報保護審査会の答申から判断すると、インカメラ審理として現実に、「国の安全が害されるおそれ」や「公共の安全と秩序の維持に支障を及ぼすおそれ」を検討しているように窺える。他方、裁判所は、現行法5条3号・4号が「おそれがあると行政機関の長が認めることにつき相当の理由がある情報」という規定であるために、行政機関の長の第一次的な判断が合理性を持つか（「相当の理由」があるか）の審理、判断にとどまるため、不開示の範囲を広げる傾向にあり、ほとんど機能していない。それゆえ、裁判所が上記「おそれ」（高度の蓋然性）を直接に判断することができる規定とすべきではないか。

② 「国の安全を害するおそれ」や「公共の安全と秩序の維持に支障を及ぼすおそれ」という要件が、元々、抽象的かつ規範的で、行政機関側の諸事情を広く包含するものであるから、審査会の従前の答申例の積み重ねをふまえると、審査会や裁判所で「おそれ」を直接に判断するとしても、その運用が劇的に変更されて行政上の支障が生ずるとは考えられない。

③ 実際に、イラク空輸記録など、審査会において「行政機関の長が認めるにつき相当の理由がある」と判断されたものの防衛省において全部開示された例や、日韓条約交渉記録など、「行政機関の長が認めるにつき相当の理由がある」が争点となった事例で、国側が具体的な主張立証のないまま審査会が不開示を妥当としたものについて、外務省が別の開示請求に対して一部開示した例などがあり、結局は、その抽象的規範的要件である「おそれ」の判断で足りるのではないか。

④ 「刑事訴訟に関する記録」は刑事確定訴訟記録法の適用を受け、広く情報公開法の適用除外であるから、「犯罪捜査等に支障を及ぼし得る捜査手法等」はそもそも開示の対象外となっているし、刑事訴訟に関連しない「公共の安全と秩序の維持に支障を及ぼすおそれ」については、行政機関

の長の第一次的な判断をふまえつつも、審査会や裁判所で、その「おそれ」を判断すれば、足りるのではないか。刑事裁判権関係実務資料についての、行政機関の長の第一次的な判断が撤回された事例もある。

⑤　現行法5条3号・4号は、他の規定と異なるため、「おそれがあると行政機関の長が認めることにつき相当の理由」がないことの主張立証を開示請求者側でなすべきということで、「行政情報の原則開示の基本的枠組み」（情報公開法制定時の要綱案の考え方参照）に反する誤った解釈もなされる傾向にあるから、法改正にあたっては、このような解釈にならないようにする必要がある。

2　これに対し、下記(1)と(2)の意見がある。

(1)「おそれがあると行政機関の長が認めることにつき相当の理由がある情報」という枠組みは残しつつ、規定の適用範囲を事項的に限定する改正を行うべきである。

〈理由〉外交、防衛上の利益の確保については、高度の政治的責任により果たされている面があることは否定できず、これらにかかる情報の公開については、アメリカやオーストラリア等においても、情報公開法上一定の留保がなされている。したがって、行政機関の長の判断に一定の裁量を認める現行法の枠組みは存置すべきである。

他方で、当該規定による不開示は、外交、防衛上の利益の保護を超えて、広範に主張される傾向があり、これを抑止する必要は認められる。そこで、規定の適用範囲を事項的に限定する改正を行うべきである。

(2) たとえば、「(明らかな) おそれがあると行政機関の長が『認めるに足りる十分な理由』がある情報」というような修正も検討されるべきである。

〈理由〉「方向性」のような改正を実施した場合でも、司法審査の場において、裁判例の蓄積により (行政機関の長の) 裁量を認めるべき領域が徐々に形成されていくであろうが、裁量論との関係で言えば、高度に政策的判断が必要となる部分については、行政の判断 (あるいは政治主導) の特殊性から、なお司法審査についての考慮をする必要性がないかという問題は残るのではないか。

インカメラ審理の導入により裁判所の審査密度が深まることを前提にすれば、現行法の要件をもっと絞る (厳格にする) ことで足りるという考え方もありうる。そこで、上述のような修正も検討されるべきである。

3 現行法は、5条3号と4号について、規定の適用範囲を事項的に限定していないために、法施行当初から、法5条6号の適用で足りるところを法3号と4号を重複して適用する例もみられた。公文書管理法においては、いわゆる「30年原則」(作成から30年を経過した公文書は原則利用可能とする国際的慣行) が確立されておらず、この点において、アメリカやオーストラリア等とも異なることをあわせ考えると、不開示の判断が半永久的なものとならないように、事項的に限定することや、行政の判断 (あるいは政治主導) の特殊性を考慮しつつも、いわゆる規範的要件である「おそれ」(「おそれ」で個別具体的に評価根拠事実を検討する) の判断を司法審査にゆだねるとの立法者の意思を明確にするために、[論点整理] 2のような方向性での条文の改正が検討されるべきである。

この場合の選択肢としては、上記提案（大臣案）によるか、「（明らかな）おそれが行政機関の長が認めるに足りる十分な理由がある情報」のように裁量規定のまま、要件を厳格化するほかないのではないか。ただし、後者の条文案によると、さらに、その判断（十分な理由があるとの判断）は必要かつ相当な限度を超えてはならない、として裁量権限を羈束していくことも考えられるが（「ただし、その処分は、そのおそれを除去するために必要かつ相当な限度を超えてはならない」とする破壊活動防止法5条1項本文参照）、［論点整理］2のとおり、大臣案原案の改正の趣旨を明らかにしたうえで、大臣案原案によるべきか。

なお、パブリック・コメントでは、下級審裁判所の判例を引用し、5条3号や4号に該当するとしてなされた不開示処分が違法となるのが「当該処分が裁量権を逸脱又は濫用したと認められる場合」という例外的な場合に限られるとすると、「原則公開、例外非公開」の情報公開の理念に反して、不開示の範囲が不当に拡大することになってしまうという意見や、国が訴訟では、現行法5条3号について、裁判所が行政庁と同一の立場から当該処分にかかる判断をし、その結果と行政庁の処分とを比較して、処分の適否を審査する実体的判断代置方式を採ることは許されないと主張するので、いわゆる立証責任の転換となって、この種の情報の開示は絶望的となるとする意見がある。裁量権濫用論の一般論として、判例が、専門技術的判断について、要件裁量を認めていることとの影響を受けているためか、5条3号や4号が、立法者の意思を超えて立証責任の転換として解釈されているようであるが、立法者の意思どおり解釈できないのであれば、「その性質上、開示・不開示の判断に高度の政策的判断を伴うこと、我が国の安全保障上または対外関係上の将来予測としての専門的・技術的判断を要することなどの特殊性」等についての、「行政機関の長の第一次的判断（認定）の尊重」もまた、規範的要件である「おそれ」で判断することを立法者の意思として確認しておくことで足りるのではないか、ということになる。この点に関しては、そもそも、情報公開法制定の段階で、「おそれがあると認められる相当の理由がある情報」（情報公開法要綱案）とされていたところ、立法段階で「行政機関の長が認めることにつき相当の理由」とされ、「行政機関の長」の主体的判断に傾きすぎる解釈に至った経緯に照らしても、その懸念のない解釈適用がなされるべきであるという意見があった。この意見をさらに敷衍すれば、「認められる」と受け身にすることによって、その認定の判断権の所在を、行政機関の長に限定することなく司法機関も含めた一般的な形にすることについては、多くの用例もある表現振りであることから（国家公務員法81条の3など）、上記2、(2)の案を、「(明らかな) おそれがあると認められる十分な理由がある情報」とすることも考えられる。

行政機関においては、「おそれがある情報」と改めることによって、「おそれがあると行政機関の長が認めることにつき相当の理由」を尊重した判断がなされなくなるのではないかとする懸念があるので、[論点整理] 3のとおり、その懸念のない解釈適用のあり方を確認しておく。

4　審議・検討等に関する情報（行政機関情報公開法第5条第5号、独立行政法人等情報公開法第5条第3号関係）

国等における審議・検討等に関する情報で、公にすることにより、不当に国民の間に混乱を生じさせるおそれがある情報を不開示情報とする旨の規定を削除する。

■論点整理

「不当に国民の間に混乱を生じさせるおそれがある情報」の規定の部分を削除する。

□議論の経緯

1　当該提案に対しては、ほぼ異論は見られなかった。この不開示情報については、表現として極めて曖昧な規定であり、行政の恣意的な解釈が生じる可能性が高いとする意見や、法の目的の観点からは、意思決定は、情報の開示を受けた国民の側が行うべきことから、由らしむべしを連想させるこの条項は不要ではないかとの意見があった。

2　なお、当該規定が削除された場合の受け皿としては、6号支障（あるいは5号の他の要件）でカバーできる旨の指摘もなされている。

5　部分開示（行政機関情報公開法第6条第1項、独立行政法人等情報公開法第6条第1項関係）

開示請求に係る文書に不開示情報が記録されているときは、不開示情報が記録されている部分とそれ以外の情報が記録されている部分とを区分することが困難である場合を除き、当該不開示情報が記録されている部分を除いた部分につき開示しなければならないものとする。

■論点整理

1　情報公開法6条1項ただし書の「有意性」の要件を削除し、同項本文を上記提案のとおりとして、「情報単位論」（独立一体説）の解釈の余地がないように部分開示規定を改正する。

2　上記提案のとおり、ただし書の有意性の文言が削除されたとしても、「困難」の解釈を利用することも考えられるので、上記提案とあわせ、部分開示規定の改正が「情報単位論」（独立一体説）を否定する趣旨であることと、情報公開法6条2項が同1項の部分開示義務を個人情報の不開示情報に適用することを確認する規定であることを明らかにするために、さらに条文上の改正をするとともに、本論点整理においても、当検討チームの意見として確認しておく。

上記提案と共に、現行の情報公開法6条1項について、「行政機関の長は、開示請求に係る行政文書の一部に不開示情報が記録されている場合において」とされ、法5条1号から6号のいずれの不開示情報の適用においても、「情報単位論」（独立一体説）を採用しないことが確認され、さらに同2項において、「開示請求に係る行政文書に前条第1号の情報（特定の個人を識別することができるものに限る。）が記録されている場合において、前項の規定を適用する」と規定されていることから、同2項は、同1項の規定を個人情報の不開示情報（法5条1号）に適用する際の確認規定であることを改めて確認しておく。

□議論の経緯

1　当該提案に関しては、「情報単位論」を克服することを、立法者意思として明確に示すべきであることにつき、意見の一致が見られた。「情報単位論」（独立一体説）とは、記載された情報それ自体は不開示情報には当たらないことが明確であるにもかかわらず、「一体としての（より包括的な）情報の部分」を構成するに過ぎないことを理由に、それが記載された文書の部分が開示義務の対象から外れることを想定している等という解釈論である。この論説は、法6条2項と同種の規定を有しない情報公開条例について判断されたことがあるが、その後の最高裁判所の判例においても、「情報単位論」（独立一体説）は、我が国情報公開法制の基本的な趣旨・構造から採用されるものではなく、この論説を情報公開法6条1項の解釈論とするべきではないとする補足意見も述べられたところである。原則公開からは、不開示部分を恣意的に広げさせないために、当該提案のような厳格な規定を設ける必要があるとの意見、最高裁判所の示した「情報単位論」（独立一体説）は、これまで自治体の実務で積み上げられてきた努力を無にしかねないものであり、それが情報公開法にも及んでいる現状は好ましいとは言えないから部分開示に係る条文の変更とともに改めて立法の趣旨を明確にしておくべきであるとの意見、部分開示が有効に機能するかどうかは、情報公開上きわめて重要であるので、判例、実務の現状を確認のうえ、必要な措置を講ずるべきであるとの意見が述べられた。

2　ただし、当該趣旨を具体化するための具体的な方法としては、「方向性」の示す改正を行った上で、立法者意思として、6条の改正が「情報単位論」を否定する趣旨であること、6条2項が確認規定であること（場合によっては、2項にその旨が分かる趣旨を明記することも考えられる）を明らかにする等の工夫が必要であるなどの指摘もなされた。また、現行法の6条1項を前提として、「有意性」によって「情報単位論」を克服しようとしている下級審判決のあることも指摘された。

第3　開示請求から実施までの手続に関する改正

迅速かつ安価な開示手続が実現できるようにするため、手続面での改正をすべきではないか。また、不開示や部分開示となった場合にも、その理由がより明確になるような改正をすべきではないか。具体的には以下のとおり。

1　不開示決定の通知内容（行政機関情報公開法、独立行政法人等情報公開法関係《新設》）

行政機関の長・独立行政法人等は、不開示決定をするときは、当該決定の根拠となる条項及び当該条項に該当すると判断した具体的理由を書面により示さなくてはならないものとする。

■論点整理

1　上記提案のとおり、条文上、必要とされる理由付記の程度について例示することにより、行政手続法8条1項をふまえて具体的な理由付記を義務付けることを明確にする。

2　具体的な理由として、情報公開法5条各号の適用においては、同各号の条文を引用し「……のおそれがある情報が記録されて（含まれて）いるため」と記載するものは不十分であることを、本検討チームとして確認しておく。また、文書不存在の場合の理由付記としては、公文書管理法が施行されることをもふまえて、物理上の不存在（当該行政文書が未作成・未取得なのか、いったん存在したが廃棄されたのか）か、解釈上の不存在（物理的には存在するが、「行政文書」に該当しないものなのか）かを区別して、具体的に記載すべきであることを確認しておく。

□議論の経緯

1　当該提案に対しては、異論は見られなかった。最高裁判所の判例によれば、不開示情報該当の理由付記は、「非開示理由の有無について実施機関の慎重と公正妥当を担保してその恣意を抑制するとともに、非開示の理由を開示請求者に知らせることによって、その不服申立てに便宜を与える趣旨」を満たしているかにかかるが、この趣旨は、行政手続法8条の立法趣旨でもある。当該提案は、これらの趣旨を、情報公開法制の特性をふまえて具体的に述べるものである。

2　ただし、改正に当たっては、「具体的理由」について、例えば、文書不存在の場合の理由であれば、当該行政文書が未作成・未取得なのか、いったん存在したが廃棄されたのか、物理的には存在するが「行政文書」に該当しないものなのか（解釈上の不存在）まで、つまり、主張立証の場合の具体的事実の記載が必要である旨を明らかにするべきである等の指摘もなされた。また、現行の理由付記では、不開示の理由欄に、不開示情報の文言を多少順序を変えただけのトートロジー（同語反復）がしばしば目立ち、法の趣旨からしてふさわしくないとの指摘や、情報公開・個人情報保護審査会の運用実例をふまえて、具体的な理由付記を義務付けることにより、行政機関による慎重な判断を実現するとともに不必要な争訟を避けることが期待され、国民、行政機関双方の利益となるとの意見も述べられた。

2　内閣総理大臣への報告と内閣総理大臣による措置要求（行政機関情報公開法関係《新設》）

（1）行政機関の長が、開示請求に係る行政文書の全部を開示しない旨の決定をしたときは、内閣総理大臣に対し、その旨を報告するものとする。

（2）内閣総理大臣は、特に必要があると認めるときは、行政機関の長に対して不開示決定の取消その他の必要な措置をとるように求めることができるものとする。

■論点整理

1　上記提案は、各行政機関において高位者による責任ある判断を実現するためにも資すると考えられるので、法改正にあたり、これを法制化すべきである。内閣府の行政組織法的位置付けを踏まえても、内閣府の長たる内閣総理大臣が、情報公開事案につき措置要求する制度は、現在の公益裁量開示を一段階進化させる法的仕組として具体化すべきである。

2　この場合に、上記1の考え方に基づき、大臣案原案のとおり、全部不開示を対象とする。公益裁量開示規定については、「行政機関の長は、……公益上特に必要があるときは、……当該行政文書を開示することができる」とあるところを、「公益上必要があるときは、……開示するものとする」という規定に改正することが考えられる。

3　ただし、内閣総理大臣に対する報告の対象について、全部不開示決定を対象とするだけで、一部不開示決定を含まない場合には、その実効性に疑問が残る。他方で、一部不開示決定を含む場合には、報告を行う行政機関、及びこれを受け、その適否を検討する内閣総理大臣において膨大な業務量が発生することが推測される。それゆえ、全部不開示決定を一律対象とするほか、不服申立てがなされた一部不開示決定をも対象とし、その審査会答申をも待つことなく、報告を受けた事案の内容を十分吟味することができる制度とする。

□議論の経緯

1　当該提案に対しては、これに賛成する意見と、むしろ各行政機関において、高位者による責任ある判断を実現するべきであるとの意見が出された。賛成意見では、法の所管を総務省から内閣府に移管すべきであるという意見とあわせて、これに賛成するものがある。また、情報公開条例で不服申立手続と別にオンブズマン的機関を置いた例があり、最初の決定の前や直後に政府内でチェックする仕組として期待するもの、公益裁量開示が全く機能しない一方で、政府全体の判断として、従前は不開示であった情報を国民に聞くことが期待される局面は増えているとするものなどがある。後者、高位者による責任ある判断を実現すべきであるとの意見は、実務上、開示不開示の決定を局長等の専決とするのではなく、少なくとも不開示、部分開示とするものであって、新たな内容を含む事案について、大臣あるいは副大臣等の判断を経ることによって、公益裁量開示などの趣旨に沿った運用を期待するものである。

賛成意見も後者の意見も、現状ではほとんど機能していない公益裁量開示規定が機能することを考えてのものである。実務上、少なくとも不開示、部分開示とするものであって、新たな内容を含む事案については、局長等の専決事項とはしないで大臣や副大臣等の判断を経るものとしたうえで、内閣府に行政情報の流通全体を見渡す機能を有する機関が設置され、内閣総理大臣による措置要求がなされたときは、大臣や副大臣等の再度の判断によって公益裁量開示規定に基づく開示に至るという手続が考えられてよいのではないか。

2　なお、上記1の考え方をふまえて、賛成意見からは、7条の公益裁量開示規定との関係を整理する必要性や、措置要求の対象の絞り込みの仕方において原処分との関係で屋上屋を架す制度とならないよう留意する必要がある旨の指摘もなされた。公益裁量開示規定との関係では、内閣総理大臣の措置要求があれば、この手続的規定の適用により、裁量開示が積極的に実施されることが期待できると考えられる。

　その場合に、まず、大臣案原案のとおり、全部不開示決定を対象とする。さらに、公益裁量開示規定を、「行政機関の長は、……公益上必要があるときは、……開示するものとする」と改正することによって、内閣総理大臣による措置要求を経た大臣や副大臣の再度の公益裁量開示の判断が実体法規上も有効に機能するとも考えられるが、どうか。

3　ただし、〔論点整理〕3のとおり考えると、当該提案は、内閣総理大臣が行政機関の長の決定を覆す判断を行い得る制度であることから、全部不開示決定を一律対象とするほか、一部不開示決定のうち審査会に諮問された事案について、内閣総理大臣は、当該行政機関の長に対し、法7条の公益上の理由による裁量的開示、法5条1号イロハ、法5条2号ただし書、法5条6号の「当該事務又は事業の適正な遂行」（「適正」において、法5条2号ただし書と同様の解釈適用を認める審査会答申による）等の適用による開示その他の必要な措置をとるように求めることができるものとする、という制度にすべきではないか（公文書管理法8条4項参照）。部分開示について、「情報単位論」（独立一体説）を採らなければ全部不開示決定が減ると予測されることや、情報公開・個人情報保護審査会による不服申立ての審査・答申との関係をもあわせ考慮のうえ、そのように考えることができるのではないか。

この点については、「審査会の答申後、全部不開示又は一部不開示の裁決・決定をしようとするとき」に対象を限るべきとする意見と、「一部不開示決定についても本手続の対象とするための考え方は賛同するものだが、政策的な意味合いを考慮すると、審査会答申後の手続とすることは適当ではないとして、全部不開示の場合と請求者から本手続による内閣総理大臣への報告の求めがあった場合と、不服申立てがなされた一部開示決定を対象とする」べきとの意見があった。また、内閣総理大臣の措置要求制度が不開示決定に対する不服申立手続の中に組み込まれることは、不服申立手続が複線的になり望ましいことではない、重要なことは、政府全体としての「国民の知る権利の保障」という観点から「透明性」向上のための統合的政策遂行を制度的に押さえる法制上の根拠として、政府の中に情報流通行政の「司令塔」を作り、新たに法を所管する内閣府の長としての内閣総理大臣の措置要求制度を法定することにあるとの意見があった。

3　開示決定等の期限（行政機関情報公開法第10条第1項、独立行政法人等情報公開法第10条第1項関係）

開示決定等は、開示請求があった日から14日以内にしなければならないものとする。

■論点整理

開示決定等は、開示請求があった日から、「土日祝日を除き14日以内にしなければならないものとする」と改正する。

□議論の経緯

1　当該提案に対しては、これに賛成する意見があったほか、14日という短期間で開示決定等を行うことの実現可能性に疑念を投じる意見や、「とりあえず不開示」としておいて、審査会に判断を投げてしまう事態が予想されるなどの意見が出された。賛成意見は、国民が多くの情報を共有する時代にあって、政府も仕事の即応力が求められている、地方自治体でもおおむね14日以内に決定しているなどとするものである。

2　とはいえ、改正の必要性そのものを否定する意見は存在せず、「土日祝日を除き14日以内」という形で期限を短縮するなどの折衷的意見も出された。土日祝日を含んで14日以内とすると、決裁に要する期間は実質的に7日～10日でなく14日であり、土日祝日を含めるとおおむね3週間20日程度となる。

なお、開示決定に時間がかかっているのは、外務省と防衛省が多いという事実は数字として存在するとの意見があり、この意見から情報公開法5条3号、4号の国の外交防衛、公共の安全と秩序の維持のための要否の判断に時間を要すると推論しても、このような場合は、「正当な理由」(情報公開法10条2項など）があるとして、30日以内に限り延長することができる。

4　開示決定等の期限の特例（行政機関情報公開法第11条、独立行政法人等情報公開法第11条関係）

開示決定等の期限の特例を適用する場合において、行政機関の長・独立行政法人等は、開示請求に係る行政文書のうち相当の部分につき開示決定等をした日から60日以内に残りの行政文書について開示決定等をしなければならないものとする。

■論点整理

1　現行法上、開示期限の特別規定に明確な期限が設けられていないことから、その運用上、濫用的に同規定が適用されることもあることから、明確な期限を設ける。

2　公文書管理法の施行に伴い行政文書ファイル管理簿が十分に整備されることや、複数回開示請求がなされ開示されるものは情報提供の対象とすることなどとあわせて、公文書管理に従事しつつ大量開示請求に対応するための職員を配置する。

3　上記2の体制・制度の整備のうえ、「開示請求に係る行政文書が著しく大量」かどうかは、「一件の開示請求に係る行政文書の物理的な量とその審査等に要する業務量だけによる」ものとして、限定すべきである。

4　そのうえで、「開示請求に係る行政文書のうち相当の部分につき開示決定等をした日から120日以内に残りの行政文書について開示決定等をするものとする」との標準処理期限を明示したうえで、なお行政機関における事務処理の実態を考慮して、現行の特例延長規定は維持し、次に述べるみなし規定は、開示請求者に通知した標準処理期限を経過した場合に適用することと改正すべきか。

5　この論点は、できるだけ早く請求情報の開示を受けたいという請求者側の意向と、すべての行政文書について適正に開示不開示の判断をすべきである行政機関側の意向をどのように調整するかの問題である。

そこで、上記4の考え方のとおり、「開示請求に係る行政文書のうち相当の部分につき開示決定等をした日から120日以内に残りの行政文書について開示決定をするものとする」との標準処理期限を明示したうえで、なお、行政機関における事務処理の実態を考慮して、現行の特例延長規定は維持する。ただし、次の5のみなし規定を新設することとし、開示請求者は、上記標準処理期限を経過したときは、開示請求者は、行政機関の長・独立行政法人等が当該行政文書について不開示決定をしたものとみなすことができるものとしてはどうか。

□議論の経緯

1　当該提案に対しては、これに賛成する意見があったほか、大量請求の事例においては、当該提案による期限内に開示決定等を行うことは「相当にきつい」旨の意見等が出された。

もっとも、現行法上、開示期限の特例規定に明確な期限が設けられていないこと、その運用上、濫用的に同規定が援用される傾向があることは、本検討会の共通の問題意識である。

そこで、当該特例規定を限定的に解釈する運用に改め（そのための法改正が必要な場合も想定される）、あわせて公文書管理に従事しつつ大量開示請求に対応するための職員を置くなどの体制強化の必要性等が指摘された。

2　議論の経緯を整理すると、［論点整理］1から4までのとおり整理することができる。

現行法が最も問題である点は、「開示請求に係る行政文書が著しく大量」かどうかについて、解釈運用上、「一件の開示請求に係る行政文書の物理的な量とその審査等に要する業務量だけによるわけでなく、行政機関の事務体制、他の開示請求事案の処理に要する事務量、その他事務の繁忙、勤務日等の状況をも考慮した上で判断される」としたために（総務省行政管理局編『詳解情報公開法』）、大量開示請求に対応する体制の整備をすることなく、この特例を適用して、1年を超える「相当の期間内に」開示決定等をすることまで正当化されたことによる。このため、開示請求者からは、開示請求権が「相当の期間」凍結されるような状況になったのである。

「開示請求に係る行政文書が専ら著しく大量であるため」などと要件を絞り、さらに行政情報の鮮度もあわせ考慮すると、開示請求日から通算して約180日程度ですべての開示決定等を終えることができるように、開示請求者側も行政機関側も努力することが望ましいのではなかろうか。

他方で、行政機関における事務処理の実態を考慮し、上記〔論点整理〕5の提案も考えられる。大量請求のため決定までに1年超を要する事例もあり、また、開示請求者が長期間を要しても適正に決定してほしいと望む場合もあると考えられることから、特例延長の最終期限を一律に法定化することは適切ではないし、開示・不開示の判断は、まずは行政機関において文書の内容を漏れなく検討したうえでなされるべきものであり、行政機関による検討が不十分なままで、その判断が審査会や裁判所に委ねられることは問題であると考えられることによる。

3　そこで、できるだけ早く請求情報の開示を受けたいという請求者側の意向と、すべての行政文書について適正に開示不開示の判断をしたいとする行政機関側の意向とを調整し、〔論点整理〕5のとおりにしてはどうか。

5　みなし規定（行政機関情報公開法、独立行政法人等情報公開法関係《新設》）

開示請求者は、行政機関の長・独立行政法人等が法定の期間内に開示決定等をしないときは、行政機関の長・独立行政法人等が当該行政文書について不開示決定をしたものとみなすことができるものとする。

■論点整理

1　上記提案のとおり、法を改正する。

2　ただし、この法定期間経過後の不開示決定みなし規定は、上記3及び4の開示決定等の法定期間の定め方如何によって、その適用の多寡に影響するため、慎重に、上記法定期間を定めるべきである。

また、上記提案の手続として、一定の期間経過後、行政機関から開示請求者に対して事務進捗状況を通知する手続を付加して、開示請求者がその時点でみなし不開示の選択を可とする制度が考えられてよい。

□議論の経緯

1　当該提案に対しては、これに賛成する意見があったほか、多数の開示請求が不開示決定とみなされる結果、不服申立てが滞るのではないかを懸念する意見等が出された。

また、みなし拒否処分の安易な乱発を防ぐ一方、行政機関による遅延防止という「方向性」の趣旨を生かすべく、一定の期間経過後、開示請求者に対して事務進捗状況を通知し、その時点でみなし不開示の選択を可とする制度の提案もあった。

2　議論のあるところだが、法定の期間内に開示決定等をしないままに、開示請求権が凍結された状態にあることは避けるべきであるから、当該提案のとおり、法を改正し、法定の期間経過後は、開示請求者がみなし不開示処分取消不服申立や訴訟をすることができることとするべきである。なお、この場合には、開示請求者がみなし不開示を選択した時点が起算点となって、不服申立期間や出訴期間が進行することとなると考えられる。

6　手数料（行政機関情報公開法第16条、独立行政法人等情報公開法第17条関係）

開示請求に係る手数料を原則として廃止するとともに、開示の実施に係る手数料を引き下げる。

■論点整理

1　上記提案どおり、開示請求に係る手数料を原則として廃止する。例外的に、営利の目的をもって開示請求をする場合には、開示請求に係る手数料を徴収する。同手数料を徴収しないことにより、濫用的な開示請求が生じるときは、情報公開法所管の府省において、他の省庁と協議し、ガイドラインを作成し、適正な運用を進める。

2　開示の実施に係る手数料についても、上記提案どおり、これを引き下げる。

謄写料は、市中のコピー料金の低額化や行政文書の電子化等に即応して、「実費」とする情報公開法16条2項の趣旨をふまえて再検討する。

また、謄写料について、学術的利用、報道機関の代表による利用、非商業目的の調査研究その他の公益減免規定を施行令に規定する。

ただし、手数料の廃止や引き下げにより、情報公開制度を使いやすくすることは重要であるが、あわせて、最近増加している商業的請求への対応や、悪質な請求への対応を検討する必要がある。このため、以下のような措置を講じてはどうかとする意見がある。

(1) 「適正な開示請求及び開示情報の適正利用」と「濫用請求に対する拒否処分」について規定。

(2) 開示請求手数料は原則廃止とするが、商業的請求の場合は、探索・審査等のコストを含めた開示請求手数料を徴収。

(3) 開示実施手数料について、ＩＣＴ化の進展や昨今の物価の動向をふまえ見直し。また、悪質な請求への対応、行政機関における無駄な業務・コストを防止する観点から、

① 開示決定された開示請求者が一定の期間までに実施方法等申出書を提出しない場合に、開示に係る実施手数料を徴収するとともに、

② 大量請求として特例延長規定を適用する場合に、一定の実施手数料を予納。

この意見は、上記1と改正の方向性は異ならないが、「適正な開示請求及び開示情報の適正利用」については規定するとともに、「濫用請求に対する拒否処分」は権利濫用論の一般原則をガイドラインとすることで充分ではないか。

3　複数回開示請求がなされ、これに対する開示決定がなされるものは、情報提供するなどの情報

提供施策も充実させて、手数料に関する論点を克服すべき観点も重要である。

□議論の経緯

1　当該提案に関しては、手数料と濫用的開示請求との関係、及び手数料と開示請求目的の関係のそれぞれについて、論点が存在することが明らかとなった。

すなわち、手数料と濫用的開示請求との関係においては、手数料（開示請求、開示実施の双方の手数料が問題となりうる）を減免することにより、濫用的開示請求が増加することを懸念する考え方と、濫用的開示請求への対処方法は別途検討されるべきであり、これと手数料問題をリンクさせるべきではないという考え方の対立が見られた。

他方で、手数料と開示請求目的の関係においては、手数料の負担の程度を、開示請求目的の内容によって区別するべきかという問題が存在する。この問題は、情報公開制度の実施に係る行政コストを、誰がどの程度負担するのが適当か、という問題であるとも言える。また、開示請求手数料は、開示請求を情報の内容で把えるか（内容で把えると、ファイルを分けても、一請求とする取り扱いもある）ファイルごとで把えるかにより件数が異なることからユーザー・サイドからは非常に大きな不満のあることとも指摘された。パブリック・コメントにおいても、1ファイルに編綴されていても複数文書として認定され、開示請求手数料の負担が過大となるという同種の意見があった。

この点については、①開示請求目的により手数料負担に区別を設けない、という考え方もあり得るが、参集者からは、②開示請求手数料は原則として廃止するが、商業利用目的の開示請求の場合には徴収するべきである、という考え方、③開示請求手数料は廃止したうえで、開示実施手数料についても、公益目的の請求に限り減免するべきである、といった考え方が提示された。

2　以上の議論をふまえ、開示請求に係る手数料については、当該提案どおり、原則廃止とするが、営利目的の開示請求については、民主主義についての不可欠のコストというよりは、受益者負担の観点から有料化としてはどうか。

また、濫用的な開示請求については、ガイドラインを作成し、請求窓口において、請求拒否手続で対応し、その適法性については、不服申立手続等での事後的な判断にゆだねるということではどうか。

なお、この点に関し、請求窓口で適正な運用ができないのであれば、請求拒否にあたり、情報公開・個人情報保護審査会か公文書管理委員会に諮問する手続を設けてはどうかとする意見もあった。

これらの意見もふまえ、［論点整理］2ただし書の対応策を講じるべきという意見がある。「濫用請求に対する拒否処分」のあり方や、商業的請求の場合の探索・審査等のコスト計算の方法などについて、議論しておく必要がある。

これに関して、濫用による請求拒否も法9条2項の処分とみて争訟の対象とし、さらに事例を整理して公表、（総理大臣に）報告するなどという方法もあるとし、さらに、濫用という主観的な文言ではなく、客観的な指標を明文化するという方向性があるのではないかとして、①一定の情報の請求に応じたことがある場合、合理的期間が経過していないうちになされた、同一請求者からの同様の又は実質的に類似の請求がなされたとき、②一定の枚数（例、5000枚、10000枚）を超える請求（請求者が文書を特定して枚数は決定する）は合理的な理由のない限り拒否できるとするなどを例示すべきではないかとする意見がある。ただし、大量請求が必要な場合もあるとして、①、②に反対する意見もある。

また、商業的利用については、事業者からの請求については一定額（例　1請求1000円など）を徴収するという方法もあるとの意見がある。

3　開示の実施に係る手数料については、引き下げの具体化としては、「実費の範囲内」とされる法16条2項の趣旨（法制定時の衆議院内閣委員会と参議院総務委員会の附帯決議参照）をふまえて、再検討することが考えられる。特に、この場合には、市中のコピー料金の低額化や行政文書の電子化に即応する必要があると考えられる。後者は、電子情報の閲覧謄写にあたり、画像の1頁ごとのコスト計算をしないということを含む。

また、開示の実施に係る手数料について、現行の経済的困難による減免の他に、上記［論点整理］2に摘示した公益減免規定を設けてはどうか。ただし、情報公開法施行令14条における経済的困難による減免は手続的に厳格であり、申請者にも不便であると共に、受付窓口の職員にとっても負担な手続であるので、「新しい公共」の施策が提唱されているおりから、より簡便な手続で減額申請することができるようにすべきである。現行施行令では、2000円を限度とする開示実施手数料の減額免除のために、生活保護受給等の証明書が必要であり、多大な労力と出費を必要としている。

4　また、行政情報は「国民共有の知的資源」であるという観点から、複数回開示請求がなされ開示が実施されているものなどは、自発的な情報提供とするなど、情報提供施策によって手数料に関する論点を克服すべき観点のあることも指摘された。

第4　審査会への諮問等に関する改正（行政機関情報公開法第18条、独立行政法人等情報公開法第18条関係）

開示決定等について不服申立てがあった場合における情報公開・個人情報保護審査会に対する諮問は、当該不服申立てのあった日から14日以内にしなければならないものとしてはどうか。

また、審査会を裁決機関とすることについて検討してはどうか。

■論点整理

1　開示決定等について不服申立てがあった場合における情報公開・個人情報保護審査会に対する諮問は、当該不服申立てのあった日から土日祝日を除いて14日以内にしなければならないものとする。

ただし、この点については、14日以内と一律に法定化するのではなく、行政機関における処理の実態等をふまえつつ、不服申立ての迅速処理に関する拘束性を高めるため、平成17年8月の申合せの内容（不服申立てから諮問まで最長90日以内、超過した場合は、期間・理由を公表）を法定化してはどうかとする意見がある。

2　審査会を裁決機関とすることについては、行政不服審査制度・行政事件訴訟制度という行政救済システムの全体像に関わるため、本格的な制度設計を必要とするところの引き続きの検討課題ではあるが、その制度設計によるまでは、審査会は、諮問機関としたままで、官民を問わず「優れた識見を有する者」を広く任命すると共に、不服申立人の求める意見聴取手続に十分に対応することや、建議の権限や実施調査権を付与するなどの地位・権限の強化を実施すべきである。

また、審査会答申の尊重義務を明文化すべきであり、審査会の判断に従わない場合には、十分な理由を付して、その旨を公表すべきである。

さらに、第3、2の［論点整理］3をふまえて、行政機関の長は、審査会の答申後、一部不開示の裁決・決定をしようとするときは、あらかじめ内閣総理大臣に協議して同意を得なければならないものとし、内閣総理大臣は、特に必要があると認めるときは、行政機関の長に対して不開示決定の取消その他必要な措置をとるよう求めることができるものとする。

□議論の経緯

1　不服申立てがなされてから、審査会への諮問がなされるまでの期間を14日以内に制限する旨の提案に対しては、賛成意見のほか、一律に14日以内とすることの実現可能性を危惧する意見等が出された。賛成意見を支持するものとして、開示請求者の異議申立てを受けても行政機関が諮問を遅らせるという事例が多く存在する。平成20年度には90日を超えてから諮問を行った行政機関が30パーセント近くに及んでいる、異議申立てから3年以上も諮問がなされなかったとするパブリック・コメントの意見があった。

後者の一律諮問を危惧する意見からは、14日を原則的期限としつつ、出先機関における決定について上級庁が再審査のうえ諮問する場合や、開示請求に対する不服申立て（第三者による不服申立て）の場合などにつき、例外を設ける方法等が提案されている。この意見を考慮すると、［論点整理」1のただし書の法定化が考えられる。

また、審査会を裁決機関とする旨の提案に対しては、これにより審査の慎重化、長期化が懸念される旨の意見や、審査会は諮問機関としたままで、建議の権限や実地調査権を付与するなどの地位・権限の強化を実施すべきである旨の提案が出された。ただし、この点については、現在の審査会の仕組みを当面維持したまま、その地位・権限を強化することには強く反対し、審査会のあり方に一定の改革が施されることが前提となるという意見があった。

審査会を裁決機関とするかは、最終責任を誰が負うかということと、将来的に行政不服審査制度のあり方全般を考えるうえで引き続き検討すべき課題である。そもそも、情報公開条例では裁決機関を設けることができないのではないかということから、自治体では情報公開審査会は諮問機関とする制度が確立した経緯がある。また、将来的には、行政不服審査を裁決機関で行うかという制度のあり方全般に及ぶ問題であると共に、情報公開と個人情報保護を併せて独立した第三者機関とするかという問題にも絡むという意見が出された。さらに、審査会の裁決機関化に向けた検討を、行政不服審査制度・行政事件訴訟制度の本格的改正論と軌を一にするかたちで、政府としてすぐに開始すべきである、行政不服審査会・行政事件訴訟法を国民・市民目線から抜本改正する際の「核」として、審査会制度の裁決機関化を検討する機は熟しているという意見が出された。

2　審査会を諮問機関としたままでは、なお、審査会答申に従わない裁決・決定がなされる事例を放置してよいのかの問題は残る、ごく少数ではあっても答申に従わない例について、何らかの方策を考えることが望ましいとする意見がある。具体的には、①答申の尊重義務を明文化する、②

審査会の判断に従わない場合には、十分な理由を付して、その旨を公表する、③②の場合に、内閣総理大臣の関与を考える、として内閣府に置かれた審査会の判断に従わないのであるから、内閣の長たる総理大臣に、従わない旨を十分な理由を付して通知するとの意見である。

以上の意見をふまえて、［論点整理］2のとおりとする。

この意見と共に、審査会の審議をより有効なものとし、また審議結果を活かす観点から、審査会に建議の権限や文書不存在等を調査する実施調査権を付与するべきであるという意見があった。上記実施調査は、現行の情報公開・個人情報保護審査会設置法9条4項の「その他必要な調査」として、なされているが、これを法定化すべきという意見と考えられる。また、審査会は、最近は、不服申立人の求める意見聴取手続に十分対応していないとする意見や、「審査会は、不服申立人、諮問庁にそれぞれ反論、弁明に十分にして必要な機会を与えるよう努めなければならない」との規定を設け、反論、弁明の機会を平等に与えるべきであるという意見もあった。

さらに、審査会および会長の業務の重要性にかんがみ、審査会会長は、委員の互選ではなく内閣総理大臣が任命するもの（国家公務員倫理法14条参照）とすべきであるとの意見も出された。審査会においては、これまでと同様、官民を問わず「優れた識見を有する者」を広く任命し、審査会における不服申立ての諮問に対する答申のより一層の充実を求めることが前提とされた意見であると考えられる。ただし、この点についても、現在の審査会の仕組みを当面維持したまま、その地位・権限を強化することは強く反対する意見があった。

第5　情報公開訴訟に関する改正

訴訟による事後救済を確実に行うため、いわゆる「ヴォーン・インデックス」の作成・提出に関する手続（下記2）を創設するとともに、いわゆる「インカメラ審理」（下記3）を導入してはどうか。また、原告の訴訟にかかる負担に配慮し、各地の地方裁判所でも訴訟ができるようにしてはどうか。具体的には以下のとおり。

1　訴訟の管轄（行政機関情報公開法、独立行政法人等情報公開法関係《新設》）

開示決定等又はこれに係る不服申立てに対する裁決・決定に係る抗告訴訟（以下「情報公開訴訟」という）は、行政事件訴訟法第12条に定める裁判所のほか、原告の普通裁判籍の所在地を管轄する地方裁判所にも提起することができるものとする。

■論点整理

上記提案どおり、抗告訴訟を原告の普通裁判籍の所在地を管轄する地方裁判所にも提起することができるものとする。この場合に、情報公開法21条の訴訟の移送の特例の規定を適用することとする。

□議論の経緯

当該提案に対しては、賛成することで概ね意見の一致が見られた。

行政事件訴訟法の改正を待たずに、まず、情報公開法の改正により、原告の普通裁判籍の所在地を管轄する地方裁判所にも提起することができるものとすべきであるとし、情報公開法の制定の際、行政事件訴訟法の改正を待たずに、情報公開訴訟だけは、まず、全国８ヵ所の高等裁判所の所在地ある地方裁判所に提起することができるように修正した先例があるとの意見もあった。

現在でも、行政事件訴訟法12条の定める「原告の普通裁判籍の所在地を管轄する高等裁判所の所在地を管轄する地方裁判所」における訴訟提起の実例は多くないから、当該提案によっても、訴訟実務上混乱することはないと考えられる。

ただし、同一内容の複数の開示請求に対し複数の不開示決定がなされ、複数の同一の訴訟が別個の裁判所に提起される場合については、訴訟の移送の特例の規定を適用することが、訴訟経済上も望ましいと考えられる。

2　不開示決定に係る行政文書の標目等を記載した書面の提出

（行政機関情報公開法、独立行政法人等情報公開法関係《新設》）

情報公開訴訟においては、裁判所は、訴訟関係を明瞭にするため必要があると認めるときは、行政機関の長・独立行政法人等に対し、当該開示決定等に係る行政文書・法人文書の標目、その開示しない部分についてこれを特定するに足りる事項、その内容の要旨及びこれを開示しない理由その他必要な事項を、その裁判所の定める方式により分類又は整理して記載した書面の作成・提出を求めることができるものとする。

■論点整理

上記提案、いわゆるヴォーン・インデックス提出命令を、裁判所の権限として法制化するべきである。

□議論の経緯

当該提案に対しては、賛成することで概ね意見の一致が見られた。ヴォーン・インデックスは、米国では情報公開訴訟で具体的な裁判の必要上生まれた知恵の産物で、インカメラ審理と切り離しても、今では広く定着しているとする意見や、権利救済の実効性という観点からは、推認に推認を重ねる感のある現行の審理よりも、インカメラ審理を訴訟手続に導入したほうが望ましいと思われるし、ヴォーン・インデックスは、インカメラとセットでの導入は必要であると考えるとの意見があった。

3　審理の特例（行政機関情報公開法、独立行政法人等情報公開法関係《新設》）

（1）情報公開訴訟においては、裁判所は、裁判官の全員一致により、審理の状況及び当事者の訴訟遂行の状況その他の事情を考慮して、不開示事由の有無等につき、当該行政文書・法人文書の提出を受けなければ公正な判断をすることができないと認めるときは、申立てにより、決定で、当該行政文書・法人文書を保有する行政機関の長・独立行政法人等に対し、当該行政文書・法人文書の提出を命ずることができるものとすること。この場合においては、何人も、裁判所に対し、提出された行政文書・法人文書の開示を求めることができないものとする。

(2) 裁判所は、(1)の決定をするに当たっては、あらかじめ、当事者の意見を聴かなければならないものとする。

(3) 裁判所は、(1)の決定をしたときは、同項の行政機関の長・独立行政法人に対し、2の書面の作成・提出を求めなければならない。ただし、当該書面が既に提出されている場合は、この限りではないものとする。

(4) (1)の決定に対しては、即時抗告をすることができるものとする。

■論点整理

1　上記提案のとおり法改正し、行政事件訴訟法等の改正を待たずに、まずは、インカメラ審理の規定を情報公開法に設けるべきである。

2　その際、従前、下級裁判所において実施された例のある訴訟当事者の合意(開示請求者側の立会権放棄を含む)に基づく手続のほかに、民事訴訟手続上の検証手続とすることが考えられる。また、民事訴訟の基本原則である双方審尋主義(訴訟で用いられる証拠は当事者の吟味、弾劾の機会を経たものに限られること)をふまえて、上記提案(3)のとおり、ヴォーン・インデックス手続と組み合わせたものとした提案である。その際、同様の基本原則をふまえて、かつ、裁判所書記官の守秘の問題を避けるために運用上、インカメラ審理手続を実施した旨の調書の記載の仕方にも工夫をこらす必要がある。

なお、裁判官および裁判官書記官等の職員の守秘義務については、現行法制で十分に対応可能と考えられる。

□議論の経緯

1　当該提案に対しては、賛成することで概ね意見の一致が見られた。権利救済の実効性という観点からは、推認に推認を重ねる感のある現行の審理よりも、インカメラ審理を導入したほうが望ましいとし、憲法82条論については、これと抵触しないとする様々な学説も唱えられており、近時、最高裁判所の判例の補足意見でも同種の見解が唱えられているところであり、民事訴訟の原則論については、憲法論として違憲でないのであれば、立法で解決がつくのではないかとする意見がある。また、基本的には賛成であるが、開示請求者側の立会権の放棄を前提とするものであるから（上記提案（1））、詳細はヴォーン・インデックスの提出の併用を厳守するなど、行政寄りの判決につながる危険を回避する措置等の検討を要するという意見もある。また、憲法学の見地からも、当該制度の導入は憲法82条に抵触しない旨の見解が提出された。この見解は、インカメラ審理は、対審手続を経ずに、裁判官のみが非公開の法廷（裁判官の執務室等も含む）で認定した事実を裁判の基礎に用いることを認めようとするものであるとし、非公開審査の必要性と裁判の公開原則の調整をはかる憲法解釈の技法として、①憲法82条2項の「公の秩序」の概念を拡大解釈して、公開の停止が公共の利益を促進する場合を広く認める手法、②「公の秩序又は善良の風俗」を例示と解しその他の場合もあり得るという手法、③憲法32条の裁判を受ける権利の実効的保障の見地から非公開事由が導出されるとする手法、④82条1項自体が人権規定によって制限されるとする手法、⑤非公開事項を操作するのではなく「公開」の意味を操作する手法などがあるとし、さらに情報公開訴訟は、行政事件であるから、憲法82条2項ただし書の「憲法第3章で保障する国民の権利が問題となっている事件」についての公開原則にも抵触することはないというものなどである。このような意見をふまえて、本検討チームとしては、当該提案によるインカメラ審理手続は、憲法82条に違反しないと考える。

パブリック・コメントでは、ヴォーン・インデックスやインカメラ制度が導入されると、行政の透明性を求める価値観が社会に浸透し、行政の現場にも裁判官の世界にも徐々に浸透し、これまでのような秘密主義の壁が薄くなってゆくことが期待できるとする意見などがあった。

2　ただし、証拠調べ手続きとしてインカメラ審理手続を導入することには民事訴訟手続全般に関わる問題が生じ、現在の審査会によるインカメラ審理との乖離も大きくなり上手く機能しないおそれがあるとして、訴訟当事者の合意に基づく手続（これまでも下級裁判所において実施された例がある）もあることをふまえて、民事訴訟手続上の検証手続として、裁判官がイニシアティブをとってインカメラ審理を行う手続きを検討するべきである旨の意見も出されている。この意見は、インカメラ審理手続を書証の取調べ手続として当該不開示対象の行政文書を取調べて心証を形成することは、民事訴訟の基本原則である双方審尋主義に反するのではないかという疑問をふまえたものであり、証拠調べとしての「検証」（A案）、裁判官の釈明処分としての「検証」（B案）、さらに、進行協議等の際の事実行為（C案）として、インカメラ審理がなされるが、A案による法制化が最も望ましく、また、より簡易なB案、C案についても法制化の可能性を閉じる必要はないとする意見である。

上記最高裁判所の判例の補足意見も、不開示事由の有無を判断するための開示請求の対象文書の取調べを、書証としてではなく、検証として行うことを視野に入れて論じられている。また、公開法廷で、検証を行う場合にも、原告は見る権利を放棄すればよい（なお民訴法185条により裁判所外・非公開で検証を行うことも可）、検証調書は「見分した」とのみ記録すればよいとする意見がある。また、大臣案原案3、(1)のうちの、「申立てにより」の要件について、申立人側の立会権の放棄をより明確に要件化することも考えられる。

もっとも、民事訴訟法223条6項が文書提出命令の申立てに係る文書の提出義務の存否を判断するにあたりインカメラ手続を規定しており、この手続を経て提示文書を閲読しこれを弁論の全趣旨として認定することが考えられるが、この限りにおいては民事訴訟の基本原則に反するとはされていないことから、これと比較して、検証手続としてヴォーン・インデックスとセットで情報公開訴訟にインカメラ審理を導入することで、裁判官が開示請求対象の行政文書を検証しインカメラ審理手続を実施した旨の調書の仕方にも工夫をこらしておけば弁論の全趣旨として認定することとなっても、この限りにおいては民事訴訟の基本原則に反しないと考えられる。その他、インカメラ審理手続の実際の運用については、これまでの実績のある訴訟当事者の合意に基づく手続を参考に、裁判所の意向も十分に尊重してなされる必要がある。

なお、裁判官の守秘義務については、裁判所法75条2項の評議の秘密の規定、裁判官分限法、裁判官弾劾法などにより、また、裁判所書記官等の職員の守秘義務については、国家公務員法の適用により、十分に対応可能とする意見があった。

第6　適用対象の範囲等に関する改正

現行の情報公開制度の対象を、国民の知る権利を保障する観点から、以下のとおり拡充すべきではないか。

1　国会関係

衆参両院の事務局・法制局、国会図書館等の保有する立法行政事務に係る文書の公開の在り方について、行政機関情報公開法と同等の開示制度導入の検討を促す。

■論点整理

情報公開法の附則において、上記提案のとおり、国会関係の開示請求制度導入の検討を促す旨を明記する。

□議論の経緯

当該提案に対しては、異論は見られなかった。これについては、三権分立は崩すことのできない大原則だが、その前提に国民主権があるのであるから、国民の代表者である国会が政党主導でまず自らの制度化を実現させたうえで、国民自らが裁判所の働きかける仕掛けづくりに国会も積極的に乗り出すべきであるとの意見があった。国会関係の情報開示請求制度の在り方について、情報公開法の趣旨、国会の地位及び権能等を踏まえ、検討が行われることを促すことは、三権分立の原則に反しないと考えられる（公文書管理法附則13条参照）。加えて、現行の国立国会図書館資料利用規則では、情報公開法の不開示情報に該当する資料は、利用制限措置を採ることとされている。

この場合に、法律または衆議院・参議院の各規則による制度導入が考えられる。また、行政機関情報公開法と同様に、著作権法上の公表権や複製権との調整も必要と解される。

2　裁判所関係

最高裁判所事務総局等の保有する司法行政事務に係る文書の公開の在り方について、行政機関情報公開法と同等の開示制度導入の検討を促す。

■論点整理

情報公開法の附則において、上記提案のとおり、裁判所関係の開示請求制度導入の検討を促す旨を明記する。

□議論の経緯

当該提案に対しては、異論は見られなかった。裁判所の情報開示請求制度の在り方について、情報公開法の趣旨、裁判所の地位及び権能等を踏まえ、検討が行われることを促すことは、三権分立の原則に反しないと考えられる（公文書管理法附則13条参照）。

この場合に、法律または最高裁判所規則により制度導入が考えられる。また、行政機関情報公開法と同様に、著作権法上の公表権や複製権との調整も必要と解される。

3　政府周辺法人関係（独立行政法人等情報公開法第2条第1項・第22条関係）

国からの出資、国から交付される補助金等が年間収入に占める割合、業務内容の公共性等の視点から、「独立行政法人等」に含まれる対象法人を拡大する。また、情報の提供に関する施策をさらに充実させる。

■論点整理

1　独立行政法人等情報公開法の対象となる「独立行政法人等」については、設立法において、①その理事長等を大臣等が任命することとされているもの、又は②法人に対し政府が出資や資産拠出をできることとされているもののほか、③当該法人に対する委託業務や権限の内容から独立行政法人等と同等にその諸活動を国民に説明する責任を負担することがふさわしい政府周辺法人（民営化された法人を含む）を含むように検討する。

2　独立行政法人等について、同法22条1項及び同法施行令12条2項で定める情報は、「インターネットの利用その他の情報通信の技術を利用して行う」こととされているが（同法施行令12条1

項）、さらに、独立行政法人等の情報提供施策を充実させて、当該独立行政法人等の出資又は拠出に係る法人その他の政令で定める法人（独立行政法人等情報公開法22条1項3号）その他上記1の政府周辺法人についても、同種の情報をインターネットの利用等同種の方法により行うものとする。

特に、政府周辺法人については、法人の類型・属性が多種・多様であることをふまえ、きめ細やかな情報提供・情報公表制度を拡充すべきであり、行政機関情報公開法の中に、政府周辺法人を所管する行政機関の長による情報公開制度を具体的に位置付け、政令レベルで官庁側の情報提供項目を具体的に定める必要がある。

3　情報提供施策の充実をはかるうえで、

(1)　開示請求権制度による行政文書の開示にとどまらず、請求を待つことなく自発的な情報提供を行うことにより、総合的な情報公開をさらに推進する観点から、「指針」(「行政情報の電子的提供に関する基本的考え方（指針）」平成16年11月各府省ＣＩＯ連絡会議決定）をふまえ、

①　行政機関情報公開法において、行政組織・制度等に関する基礎的情報、行政活動の現状等に関する情報等を情報提供項目の大枠として規定し、

②　政令において、これらについての具体的な項目を規定することを検討してはどうか。

(2)　請求者の利便や行政機関のコスト軽減の観点から、開示請求に対する「開示の実施」の方法の一つとして簡易な方法（請求者に対する府省ホームページ上の該当情報の教示など）を請求者が選択可能とすることとしてはどうか、とする意見がある。

さらに、この「指針」の見直し規定に基づいて「指針」を見直し、現在の政府の「行政刷新」

施策に対応し、政府・政府周辺法人に対して国民・納税者のガヴァナンスが機能することを目指した内容に改めるべきである、とする意見がある。

また、現在、省庁側バランスシートが作成・公表されているが、それでは十分に説明されていない特別会計・政府周辺法人への資金の流れ等についても、国民にとって分かりやすい処理をしたうえで、情報公開制度に位置付けた情報公表をすべきであるし、さらに、政策評価（「事業仕分け」を含む）の実施・結果・フォローアップについても、情報公開法制に乗せるかたちで情報公表すべきである、とする意見がある。

以上の各意見をふまえて、情報公開法制に基礎付けられ、かつ「行政刷新」施策に対応した情報提供と情報公表がなされるべきである。

□議論の経緯

1　当該提案に対しては、賛成することで概ね意見の一致が見られた。具体的な提案としては、「独立行政法人等」に含まれる対象法人につき、たとえば政府所掌公法人やＮＨＫ等について検討すべきである旨や、そもそも現行法上の対象法人につき、理論的整理をつけるべきである旨の提案がなされた。

また、いわゆる「事業仕分け」の成果をふまえ、さらに情報公開の制度目的の見直し（「国民の知る権利」の視点の明記）を受けて、対象法人の切り分けという従前の方法に加え、保有情報の性質に着目した切り分けを併せ用いることにより、開示対象の拡大を図る旨の提案がなされた。

2　さらに、狭義の情報開示請求制度につき一定の限界があることを認め、人的・資金的に国とつながりのある政府周辺法人等について、情報開示制度を拡充すべき旨の提案もなされた。また、指定法人、役人天下り公益法人の類や、独立行政法人等の子会社・孫会社等まで法的に切り分けて現行型の情報公開制度に乗せることは困難であるから、これらの法人・会社については、開示請求権制度でなく、情報公表制度（ディスクロージャー）を現在より拡充すべきであるとの提案もなされた。

パブリック・コメントでは、規制緩和により、国や地方自治体の事務が民間に委託された場合の情報について、委託事務に関連する限り、情報公開の対象とすべきであるという意見があった。

3　なお、現状は、行政機関情報公開法では、情報公開の総合的推進を図るため、情報が適時、適切な方法で国民に明らかにされるよう、情報提供に関する施策の充実に努めるとの規定（25条）と、一方、独立行政法人等情報公開法では、同様の努力義務規定（22条2項）のほか、情報提供の項目として、法人の組織・業務・財務に関する基礎的情報、評価・監査に関する情報、子会社に関する基礎的情報を国民が利用しやすい方法により提供することを義務づける規定（22条1項）がある。

さらに、国民の知りたい情報が各府省のホームページ上の情報であった場合、照会があれば当然教示をすることになるが、事前の照会なく、開示請求として出てきた場合には、教示して取り下げを促がすことが可能な場合もあるが、開示の実施方法として、閲覧や複写と並んで、当該ホームページ上の情報の所在の教示を選択可能とすることとしてはどうか（請求者による選択可能な方法として提示するものであり、行政機関側の事務処理の軽減にもなる）とする意見があった。

第7　行政機関の保有する情報の公開に関する法律等の所管に関する改正

（行政機関情報公開法、独立行政法人等情報公開法、内閣府設置法、総務省設置法関係）

行政機関情報公開法及び独立行政法人等情報公開法の所管を総務省から内閣府に移管してはどうか。

■論点整理

情報公開法の所管を総務省から内閣府に移管することについては、概ね異論はない。

□議論の経緯

当該提案に対しては、概ね異論は見られなかった。移管の必要性について疑問を呈する意見もあったが、法の所管が内閣に移ることを前提として、前記第3、2の内閣総理大臣への報告と内閣総理大臣による措置要求という組織法的観点に立つものと理解すべきであり、情報流通行政全体の観点から情報公開制度の運用につき内閣総理大臣が公益裁量開示規定を解釈適用して各省大臣等に措置要求できるという組織的体制が望ましいとの意見がある。

なお、情報公開法制を内閣府の所管とするのであれば、情報公開と車の両輪といわれるプライバシー保護・個人情報保護についても統一的な所管が考えられてよいのではないか、特に、現在、税と社会保障の共通番号制が検討されているが、導入の仕方如何によっては、情報公開とプライバシー・個人情報保護を統一的に所管することが望ましくなるのではないか、との意見がある。また、情報公開・公文書管理・個人情報保護、さらには情報提供・情報公表の全体を通じた情報流通行政の全体を、内閣府が統一的に所管すべきである、との意見がある。なお、情報流通行政全体を統一的に所管する場合には、情報公開・個人情報保護審査会における行政文書（現用文書）の不開示決定処分の審査と、公文書管理委員会における特定歴史公文書（非現用文書）の不開示処分の審査を統一的な機関によって行うことも考えられるが、現在は、それぞれの法律に基づく審査機関の特性を生かした別個の審査がなされることとなる。

第8　情報公開条例の扱い（行政機関情報公開法《新設》）

第5の1から3は、情報公開条例（地方公共団体又は地方独立行政法人の保有する情報の公開を請求する住民等の権利について定める当該地方公共団体の条例をいう。）の規定による、開示決定等に相当する処分又はこれに係る不服申立てにおける裁決・決定に対する抗告訴訟に準用する等の措置を講じてはどうか。

■論点整理

第5の2及び3、すなわち、ヴォーン・インデックスとインカメラ審理については、上記提案のとおり、情報公開条例の規定による抗告訴訟に準用する等の措置を講じる。

□議論の経緯

当該提案に関しては、ヴォーン・インデックスとインカメラ審理については、条例では規定できない以上、情報公開法の改正により実現するべきで、情報公開法26条2項として準用規定を設けることが望ましいとする旨の意見が出された。また、念のため当の地方自治体の意向を確認するべきである旨の意見も出された。

他方、情報公開法への新設が予定されているインカメラ審理の規定をそのまま情報公開条例の扱いに準用することは慎重であるべきとし、条例の扱いについて、政府で議論することが、議論の複雑化を招き、結果的に情報公開法改正の足かせとなることを危惧する意見がある。

「方向性」に関連する論点で重要なもの

なお、「方向性」に記載のある事項以外についても様々な意見が出された。そこで以下に、「方向性」に関連する論点で重要と思われるものを掲げる。このうち、特に重要なもので、今回の情報公開法改正で実現すべきものは、上記［論点整理］に組み入れる。その他については、引き続き検討すべき課題とする。

1. 情報公開法の改正検討作業を誰が主導するべきか

本来、情報公開法は、これを使う者である市民・国民の代表者である国会が提案すべき法律ではないか、という指摘がなされた。また、いわゆる政治主導の下で、抜本的に国民により近い行政をつくっていくべき旨の意見も出された。

2. 行政文書の保管・整理の重要性

行政文書が不存在とされる例は少なくなく、行政文書の適切な保管が重要であることについては、ほぼ意見の一致が見られ、行政文書の作成、保存、廃棄の記録の義務付けとその記録の長期保存の義務付けを期待する意見も出された。

また、地方条例の運用例において、文書の適切な整理を推進することにより、開示請求に対応する業務の効率性が大きく向上した例の指摘もなされた。

以上に関連して、公文書管理法と情報公開法との連携の重要性が確認された。

パブリック・コメントでは、行政機関内に意図的に文書を抱え込むことによって、現行文書の厳しい不開示規定を適用させて、不開示部分を多くしようとする傾向があるという意見があった。

3．行政文書の定義の問題

行政文書の定義に関し、何を「組織共用文書」とするかの運用上の不一致、「組織共用文書」の解釈の形式化（例えば、司法試験委員会の会議内容の録音物をたまたま職員が一人しか利用していなかったことを理由として「個人メモ」と解釈した例や、外部委託した調査研究の報告書の根拠となる個別データについて、行政機関が「保有」していないことを理由に不存在とした例がある。）といった問題が指摘された。これを前提として、行政文書の定義規定の改正を検討すべきだが、今回それが行われないのであれば、現行の行政文書の解釈運用を検証し、「組織的に用いる」「行政機関としての保有」の解釈について公文書管理委員会での検討を求めるべきとする意見があった。

さらに、行政文書は、職務遂行上で作成・取得されたものを包括的に含み、それを管理する仕組とすることの方が、職務遂行の実態と整合したものとなるとの意見が提示された。

パブリック・コメントでは、「組織共用文書」と「個人文書」の区別は困難であるから、「当該行政機関の職員が組織的に用いるものとして」の要件を削除すべきであるという意見や、簿冊式管理法をやめてバーチカル・ファイリングシステムを採用し、ファイル基準表への書き込みをコンピュータ処理し、これを情報公開目録として国民がアクセスできるようにし、この高速検索性により行政コストの削減を実現すべきであるという意見や、米国では大統領の持つ携帯電話の記録まで公文書として保管対象になっているが、日本でも閣僚時代に作成した職務に関する文書は、すべて公文書として保管されるべきであるという意見があった。

これらの意見は、公文書管理委員会への申し送り事項とされるべきである。

4．積極的情報提供

一定の重要な情報については、国民からの開示請求を待たずして積極的に情報提供を行うことの重要性が、多くの参集者から指摘された。また、頻繁に開示請求される情報を情報提供する方法も提案された。

この点について、パブリック・コメントでは、ウェブサイト上でＰＤＦファイルによる開示を行うべきとする意見があった。

5．その他

以上のほか、個別法での閲覧・縦覧規定と情報公開法による写しの交付につき、意見を述べるべきであるとの意見、請求者からの写しの交付方法に対して要望できる仕組を検討するべきであるとの意見、刑事確定訴訟記録法の改正が検討されるべきであるとの意見などが出された。

特に、最後の意見は、刑事確定訴訟記録法では、閲覧請求はできても、謄写請求は認められていない、情報公開法15条との関連で、公文書管理法の施行にもあわせ、その改正が検討されるべきである、特に、現在保管されている刑事参考記録（刑事確定訴訟記録法9条）は、30年、50年、

100年などを区切りとして、マイクロフィルム化し、国立公文書館にマイクロフィルムを移管し、検察庁との協議のうえ、順次当該マイクロフィルムを閲覧謄写に付する手続等を整備することなどが、当面の課題として、必要である、民事判決原本は最高裁判所から国立公文書館へ移管されているが、これとのバランスも考えられるべきである、とする意見である。

また、パブリック・コメントでは、以下の意見がある。

公文書管理法では文書管理簿の作成が義務付けられており、綿密な文書管理が行われることが予定されているので、文書の不存在に関する主張立証責任を、被告の負担とする旨の規定を設けるべきとする意見があった。

情報公開の不開示事由に関し、作成から30年が経過した行政文書については原則公開する旨の規定を定めていただきたいという意見や、現用文書の不開示の判断に「時の経過を考慮する」という文面を入れるべきという意見や、公文書管理法が予定している中間書庫を早急に設置すべきであるという意見があった。

法人情報の不開示情報の規定については、公益上の義務的開示の規定（法5条2号本文ただし書）の積極的な運用について考察する必要があるという意見があった。

ここ数年の情報公開・個人情報保護審査会は、不服申立人が求める意見聴取等の手続に十分対応していないとし、審査会の常勤委員については、裁判官、検察官、行政職公務員のＯＢで占めるのではなく、行政機関と緊張関係を持ちながら審査会の判断をより活性化するような人選がなされるべきである、そのためには、報酬を得て他の職務に従事する金銭上の利益を目的とする業務を原則として禁止する情報公開・個人情報保護審査会設置法4条10項を改正すべきであるとする意見、任期付公務員等として情報公開制度に理解のある弁護士を事務局に採用すべきであるという意見があった。

情報公開訴訟において国が敗訴した場合、原告の弁護士費用を国が負担する制度を創設するべきであるとの意見があった。

〔追記〕

この論点整理（三訂版）に基づき、二〇一〇年八月二十四日に、「行政透明化検討チームとりまとめ」（いわゆる大臣案）をとりまとめた。その後、この大臣案を踏まえて、内閣府情報公開法改正準備室において情報公開法改正法案が立案されて、内閣法制局の審査を経て、二〇一一年四月に閣議決定のうえ、同月二二日に衆議院に提出された。しかし、二〇一二年十一月の衆議院解散によって、それまで継続審議とされていた情報公開法改正法案は、審議未了、廃案となった（三宅弘『原子力情報の公開と司法国家─情報公開法改正の課題と展望』三六一頁）。

しかし、民主主義の一層の発展のためには、「国家共有の知的資源」（公文書管理法一条）から「あと一歩」とされる「知る権利の保障」の明記と「口頭弁論期日外証拠調べ手続き」（情報公開法改正法案24条）だけでも、与野党の対立を超えて、まずは改正されることが望まれる。

行政機関の保有する情報の公開に関する法律等の一部を改正する法律案　新旧対照条文（抜粋）

行政機関の保有する情報の公開に関する法律等の一部を改正する法律案　新旧対照条文（抜粋）

二〇一一（平成二三）年四月二二日第一七七国会提出、二〇一二（平成二四）年一一月一六日廃案
二〇一三（平成二五）年一〇月二五日第一八五国会提出、二〇一三（平成二五）年一二月八日継続審議

＊改正法案のうち、行政機関情報公開法にかかわる部分を掲載する。この他、情報関連七法の改正内容について、右崎正博・多賀谷一照・田島泰彦・三宅弘編『新基本法コンメンタール情報公開法・個人情報保護法・公文書管理法――情報関連七法』も参照されたい。

○行政機関の保有する情報の公開に関する法律（平成十一年法律第四十二号）（第一条関係）

（傍線部分は改正部分）

改正案	現行
目次	目次
第一章　総則（第一条・第二条）	第一章　総則（第一条・第二条）
第二章　行政文書の開示（第三条―第十七条）	第二章　行政文書の開示（第三条―第十七条）
第三章　不服申立て（第十八条―第二十一条）	第三章　不服申立て等（第十八条―第二十一条）
第四章　訴訟（第二十二条―第二十四条）	第四章　補則（第二十二条―第二十六条）
第五章　情報提供（第二十五条）	
第六章　補則（第二十六条―第三十一条）	
附則	附則
第一章　総則	第一章　（同上）
（目的）	（目的）
第一条　この法律は、国民主権の理念にのっとり、行政文書の開示を請求する権利及び行政機関の諸活動に関する情報の提供につき	**第一条**　この法律は、国民主権の理念にのっとり、行政文書の開示を請求する権利につき定めること等により、行政機関の保有する

定めること等により、行政機関の保有する情報の一層の公開を図り、もって国民の知る権利を保障し、政府の有するその諸活動を国民に説明する責務が全うされるようにするとともに、国民による行政の監視及び国民の行政への参加並びに公正で透明性の高い民主的な行政の推進に資することを目的とする。

第二章　行政文書の開示

（行政文書の開示義務）

第五条　行政機関の長は、開示請求があったときは、開示請求に係る行政文書に次の各号に掲げる情報（以下「不開示情報」という。）のいずれかが記録されている場合を除き、開示請求者に対し、当該行政文書を開示しなければならない。ただし、当該開示請求が権利の濫用又は公の秩序若しくは善良の風俗に反すると認められる場合に該当するときは、この限りでない。

一　個人に関する情報（事業を営む個人の当該事業に関する情報を除く。）であって、当該情報に含まれる氏名、生年月日その他の記述等により特定の個人を識別することができるもの（他の情報と照合することにより、特定の個人を識別することができることとなるものを含む。）又は特定の個人を識別することはできないが、公にすることにより、なお個人の権利利益を害するおそれがあるもの。ただし、次に掲げる情報を除く。

イ　法令の規定により又は慣行として公にされ、又は公にすることが予定されている情報

ロ　人の生命、健康、生活又は財産を保護するため、公にする

情報の一層の公開を図り、もって政府の有するその諸活動を国民に説明する責務が全うされるようにするとともに、国民の的確な理解と批判の下にある公正で民主的な行政の推進に資することを目的とする。

第二章　（同上）

（行政文書の開示義務）

第五条　行政機関の長は、開示請求があったときは、開示請求に係る行政文書に次の各号に掲げる情報（以下「不開示情報」という。）のいずれかが記録されている場合を除き、開示請求者に対し、当該行政文書を開示しなければならない。

一　（同上）

イ　（同上）

ロ　（同上）

ことが必要であると認められる情報

ハ　当該個人が公務員等（国家公務員法（昭和二十二年法律第百二十号）第二条第一項に規定する国家公務員（独立行政法人通則法（平成十一年法律第百三号）第二条第二項に規定する特定独立行政法人の役員及び職員を除く。）、独立行政法人等（独立行政法人等の保有する情報の公開に関する法律（平成十三年法律第百四十号。以下「独立行政法人等情報公開法」という。）第二条第一項に規定する独立行政法人等をいう。以下同じ。）の役員及び職員、地方公務員法（昭和二十五年法律第二百六十一号）第二条に規定する地方公務員並びに地方独立行政法人（地方独立行政法人法（平成十五年法律第百十八号）第二条第一項に規定する地方独立行政法人をいう。以下同じ。）の役員及び職員をいう。）である場合において、当該情報がその職務の遂行に係る情報であるときは、当該情報のうち、当該公務員等の職及び氏名並びに当該職務遂行の内容に係る部分（当該氏名を公にすることにより当該公務員等の職務遂行に支障を及ぼすおそれがある場合又は当該公務員等の権利利益を保護するため当該氏名を公にしないことが必要であると認められる場合にあっては、当該公務員等の職及び当該職務遂行の内容に係る部分）

ニ　当該個人が行政機関に置かれた審議会その他の合議制の機関又は行政機関において開催された専門的知識を有する者等を構成員とする懇談会その他の会合において意見の表明又は説明を行った場合において、当該情報が当該意見表明又は説明に係る情報であるときは、当該情報のうち、当該個人の氏

ハ　当該個人が公務員等（国家公務員法（昭和二十二年法律第百二十号）第二条第一項に規定する国家公務員（独立行政法人通則法（平成十一年法律第百三号）第二条第二項に規定する特定独立行政法人の役員及び職員を除く。）、独立行政法人等（独立行政法人等の保有する情報の公開に関する法律（平成十三年法律第百四十号。以下「独立行政法人等情報公開法」という。）第二条第一項に規定する独立行政法人等をいう。以下同じ。）の役員及び職員、地方公務員法（昭和二十五年法律第二百六十一号）第二条に規定する地方公務員並びに地方独立行政法人（地方独立行政法人法（平成十五年法律第百十八号）第二条第一項に規定する地方独立行政法人をいう。以下同じ。）の役員及び職員をいう。）である場合において、当該情報がその職務の遂行に係る情報であるときは、当該情報のうち、当該公務員等の職及び当該職務遂行の内容に係る部分

名及び当該意見表明又は説明の内容に係る部分（当該個人の権利利益を保護するため当該氏名を公にしないことが必要であると認められる場合にあっては、当該意見表明又は説明の内容に係る部分）

二　法人その他の団体（国、独立行政法人等、地方公共団体及び地方独立行政法人を除く。以下「法人等」という。）に関する情報又は事業を営む個人の当該事業に関する情報であって、公にすることにより、当該法人等又は当該個人の権利、競争上の地位その他正当な利益を害するおそれがあるもの。ただし、人の生命、健康、生活又は財産を保護するため、公にすることが必要であると認められる情報を除く。

三　公にすることにより、国の安全が害されるおそれ、他国若しくは国際機関との信頼関係が損なわれるおそれ又は他国若しくは国際機関との交渉上不利益を被るおそれがあると行政機関の長が認めることにつき十分な理由がある情報

四　公にすることにより、犯罪の予防、鎮圧又は捜査、公訴の維持、刑の執行その他の公共の安全と秩序の維持に支障を及ぼすおそれがあると行政機関の長が認めることにつき十分な理由が

二　法人その他の団体（国、独立行政法人等、地方公共団体及び地方独立行政法人を除く。以下「法人等」という。）に関する情報又は事業を営む個人の当該事業に関する情報であって、次に掲げるもの。ただし、人の生命、健康、生活又は財産を保護するため、公にすることが必要であると認められる情報を除く。

イ　公にすることにより、当該法人等又は当該個人の権利、競争上の地位その他正当な利益を害するおそれがあるもの

ロ　行政機関の要請を受けて、公にしないとの条件で任意に提供されたものであって、法人等又は個人における通例として公にしないこととされているものその他の当該条件を付することが当該情報の性質、当時の状況等に照らして合理的であると認められるもの

三　公にすることにより、国の安全が害されるおそれ、他国若しくは国際機関との信頼関係が損なわれるおそれ又は他国若しくは国際機関との交渉上不利益を被るおそれがあると行政機関の長が認めることにつき相当の理由がある情報

四　公にすることにより、犯罪の予防、鎮圧又は捜査、公訴の維持、刑の執行その他の公共の安全と秩序の維持に支障を及ぼすおそれがあると行政機関の長が認めることにつき相当の理由が

ある情報

五　国の機関、独立行政法人等、地方公共団体及び地方独立行政法人の内部又は相互間における審議、検討又は協議に関する情報であって、公にすることにより、率直な意見の交換若しくは意思決定の中立性が不当に損なわれるおそれ又は特定の者に不当に利益を与え若しくは不利益を及ぼすおそれがあるもの

六　（略）

（部分開示）

第六条　行政機関の長は、開示請求に係る行政文書の一部に不開示情報が記録されているときは、開示請求者に対し、不開示情報が記録されている部分を除いた部分につき開示しなければならない。ただし、当該不開示情報が記録されている部分を区分して除くことが困難であるときは、この限りでない。

2　（略）

（開示請求に対する措置）

第九条　行政機関の長は、開示請求に係る行政文書の全部又は一部を開示するときは、その旨の決定をし、開示請求者に対し、その旨及び開示の実施に関し政令で定める事項を書面により通知しなければならない。

2　行政機関の長は、開示請求に係る行政文書の全部を開示しないとき（前条の規定により開示請求を拒否するとき及び開示請求に

ある情報

五　国の機関、独立行政法人等、地方公共団体及び地方独立法人の内部又は相互間における審議、検討又は協議に関す報であって、公にすることにより、率直な意見の交換若し意思決定の中立性が不当に損なわれるおそれ、不当に国民に混乱を生じさせるおそれ又は特定の者に不当に利益を与しくは不利益を及ぼすおそれがあるもの

六　（略）

（部分開示）

第六条　行政機関の長は、開示請求に係る行政文書の一部に不情報が記録されている場合において、不開示情報が記録される部分を容易に区分して除くことができるときは、開示請求対し、当該部分を除いた部分につき開示しなければならない。だし、当該部分を除いた部分に有意の情報が記録されていな認められるときは、この限りでない。

2　（略）

（開示請求に対する措置）

第九条　（同上）

2　（同上）

係る行政文書を保有していないときを含む。）は、開示をしない旨の決定をし、開示請求者に対し、その旨を書面により通知しなければならない。

3　前二項の規定による通知（開示請求に係る行政文書の全部を開示するときを除く。）には、当該決定の根拠となるこの法律の条項及び当該条項に該当すると判断した理由（第五条各号に該当することを当該決定の根拠とする場合にあっては不開示情報が記録されている部分ごとに当該決定の根拠となる条項及び当該条項に該当すると判断した理由、開示請求に係る行政文書を保有していないことを当該決定の根拠とする場合にあっては当該行政文書の作成又は取得及び廃棄の有無その他の行政文書の保有の有無に関する理由）をできる限り具体的に記載しなければならない。

（開示決定等の期限）

第十条　前条第一項及び第二項の決定（以下「開示決定等」という。）は、開示請求があった日から十四日（行政機関の休日に関する法律（昭和六十三年法律第九十一号）第一条第一項各号に掲げる日の日数は、算入しない。）以内にしなければならない。ただし、第四条第二項の規定により補正を求めた場合にあっては、当該補正に要した日数は、当該期間に算入しない。

2　前項の規定にかかわらず、行政機関の長は、事務処理上の困難その他正当な理由があるときは、同項に規定する期間を三十日以内に限り延長することができる。この場合において、行政機関の長は、開示請求者に対し、遅滞なく、延長後の期間及び延長の理由を書面により通知しなければならない。

（開示決定等の期限）

第十条　前条各項の決定（以下「開示決定等」という。）は、開示請求があった日から三十日以内にしなければならない。ただし、第四条第二項の規定により補正を求めた場合にあっては、当該補正に要した日数は、当該期間に算入しない。

2　（同上）

3 開示請求者は、第一項に規定する期間内に開示決定等がされない場合であって前項の規定による通知がないとき、又は同項に規定する延長後の期間内に開示決定等がされない場合には、次条第一項後段の規定による通知を受けた場合を除き、行政機関の長が開示請求に係る行政文書について前条第二項の決定をしたものとみなすことができる。

（開示決定等の期限の特例）

第十一条 開示請求に係る行政文書が著しく大量であるため、前条第一項に規定する期間に三十日を加えた期間内にその全てについて開示決定等をすることにより事務の遂行に著しい支障が生ずるおそれがある場合には、同項及び同条第二項の規定にかかわらず、行政機関の長は、開示請求に係る行政文書のうちの相当の部分につき当該期間内に開示決定等をし、残りの行政文書については第十六条第五項の規定による予納があった後相当の期間内に開示決定等をすれば足りる。この場合において、行政機関の長は、前条第一項に規定する期間内に、開示請求者に対し、次に掲げる事項を書面により通知しなければならない。

一 この項を適用する旨及びその理由

二 残りの行政文書について第十六条第五項の規定による予納があった日から開示決定等をする日までに要すると認められる期間

2 前項の規定により行政機関の長が開示請求に係る行政文書のうちの相当の部分につき開示決定等をした場合における第九条第一項及び第二項の規定の適用については、同条第一項中「その旨及

（開示決定等の期限の特例）

第十一条 開示請求に係る行政文書が著しく大量であるため、開示請求があった日から六十日以内にそのすべてについて開示決定等をすることにより事務の遂行に著しい支障が生ずるおそれがある場合には、前条の規定にかかわらず、行政機関の長は、開示請求に係る行政文書のうちの相当の部分につき当該期間内に開示決定等をし、残りの行政文書については相当の期間内に開示決定等をすれば足りる。この場合において、行政機関の長は、同条第一項に規定する期間内に、開示請求者に対し、次に掲げる事項を書面により通知しなければならない。

一 本条を適用する旨及びその理由

二 残りの行政文書について開示決定等をする期限

び」とあるのは「その旨及び第十六条第五項に規定する見込額その他」と、同条第二項中「その旨」とあるのは「その旨及び第十六条第五項に規定する見込額」とする。

3 開示請求者は、第一項第二号の期間内に開示決定等がされない場合には、行政機関の長が同項の残りの行政文書（第十六条において単に「残りの行政文書」という。）について第九条第二項の決定をしたものとみなすことができる。

（独立行政法人等への事案の移送）

第十二条の二 行政機関の長は、開示請求に係る行政文書が独立行政法人等により作成されたものであるときその他独立行政法人等において独立行政法人等情報公開法第十条第一項に規定する開示決定等をすることにつき正当な理由があるときは、当該独立行政法人等と協議の上、当該独立行政法人等に対し、事案を移送することができる。この場合においては、移送をした行政機関の長は、開示請求者に対し、事案を移送した旨を書面により通知しなければならない。

2 前項の規定により事案が移送されたときは、当該事案については、行政文書を移送を受けた独立行政法人等が保有する独立行政法人等情報公開法第二条第二項に規定する法人文書と、開示請求を移送を受けた独立行政法人等に対する独立行政法人等情報公開法第四条第一項に規定する開示請求とみなして、独立行政法人等情報公開法（第十七条第一項を除く。）の規定を適用する。この場合において、独立行政法人等情報公開法第十条第一項中「第四条第二項」とあるのは、「行政機関の保有する情報の公開に関す

（独立行政法人等への事案の移送）

第十二条の二 （同上）

2 前項の規定により事案が移送されたときは、当該事案については、行政文書を移送を受けた独立行政法人等が保有する独立行政法人等情報公開法第二条第二項に規定する法人文書と、開示請求を移送を受けた独立行政法人等に対する独立行政法人等情報公開法第四条第一項に規定する開示請求とみなして、独立行政法人等情報公開法の規定を適用する。この場合において、独立行政法人等情報公開法第十条第一項中「第四条第二項」とあるのは「行政機関の保有する情報の公開に関する法律（平成十一年法律第四十

る法律（平成十一年法律第四十二号）第四条第二項」とする。

3 （略）

（第三者に対する意見書提出の機会の付与等）

第十三条 （略）

2 （略）

3 行政機関の長は、前二項の規定により意見書の提出の機会を与えられた第三者が当該行政文書の開示に反対の意思を表示した意見書を提出した場合において、開示決定をするときは、開示決定の日と開示を実施する日との間に少なくとも二週間を置かなければならない。この場合において、行政機関の長は、開示決定後直ちに、当該意見書（第十八条第一項及び第十九条において「反対意見書」という。）を提出した第三者に対し、開示決定をした旨及びその理由並びに開示を実施する日を書面により通知しなければならない。

（開示の実施）

第十四条 （略）

2 開示決定に基づき行政文書の開示を受けることができることとなった者は、政令で定めるところにより、当該開示決定をした行政機関の長に対し、その求める開示の実施の方法その他の政令で定める事項を申し出なければならない。

二号）第四条第二項」と、独立行政法人等情報公開法第十七条第一項中「開示請求をする者又は法人文書」とあるのは「法人文書」と、「により、それぞれ」とあるのは「により」と、「開示請求に係る手数料又は開示」とあるのは「開示」とする。

3 （略）

（第三者に対する意見書提出の機会の付与等）

第十三条 （略）

2 （略）

3 行政機関の長は、前二項の規定により意見書の提出の機会を与えられた第三者が当該行政文書の開示に反対の意思を表示した意見書を提出した場合において、開示決定をするときは、開示決定の日と開示を実施する日との間に少なくとも二週間を置かなければならない。この場合において、行政機関の長は、開示決定後直ちに、当該意見書（第十八条及び第十九条において「反対意見書」という。）を提出した第三者に対し、開示決定をした旨及びその理由並びに開示を実施する日を書面により通知しなければならない。

（開示の実施）

第十四条 （略）

2 開示決定に基づき行政文書の開示を受ける者は、政令で定めるところにより、当該開示決定をした行政機関の長に対し、その求める開示の実施の方法その他の政令で定める事項を申し出なければならない。

3　前項の規定による申出は、第九条第一項の規定による通知があった日から三十日以内にしなければならない。ただし、当該期間内に当該申出をすることができないことにつき正当な理由があるときは、この限りでない。

4　（略）

（手数料）

第十六条　次に掲げる者が開示請求をするときは、政令で定めるところにより、実費の範囲内において政令で定める額の開示請求に係る手数料（第八項において「開示請求手数料」という。）を納めなければならない。

一　会社法（平成十七年法律第八十六号）第二条第一号に規定する会社、同条第二号に規定する外国会社その他これらに類するものとして政令で定める法人（第三号において「会社等」という。）又はその代理人

二　営利を目的とする事業として若しくは当該事業のために開示請求をする当該事業を営む個人（次号において「個人事業者」という。）又はその代理人

三　会社等若しくは個人事業者の事業として又は当該事業のために開示請求をする当該会社等の役員若しくは従業員又は当該個人事業者の従業員

2　行政文書の開示を受ける者は、政令で定めるところにより、実費の範囲内において政令で定める額の開示の実施に係る手数料（以下この条において「開示実施手数料」という。）を納めなければならない。

3　前項の規定による申出は、第九条第一項に規定する通知があった日から三十日以内にしなければならない。ただし、当該期間内に当該申出をすることができないことにつき正当な理由があるときは、この限りでない。

4　（略）

（手数料）

第十六条　開示請求をする者又は行政文書の開示を受ける者は、政令で定めるところにより、それぞれ、実費の範囲内において政令で定める額の開示請求に係る手数料又は開示の実施に係る手数料を納めなければならない。

3　開示実施手数料の額を定めるに当たっては、できる限り利用しやすい額とするよう配慮しなければならない。

4　行政機関の長は、経済的困難その他特別の理由があると認めるときは、政令で定めるところにより、開示実施手数料を減額し、又は免除することができる。

5　第十一条第一項の規定により行政機関の長が開示請求に係る行政文書のうちの相当の部分につき開示決定等をした場合には、開示請求者は、政令で定めるところにより、第九条第一項又は第二項の規定による当該開示決定等の通知があった日から三十日以内に、残りの行政文書の全部を開示するとした場合の開示実施手数料の額の範囲内で政令で定める額（次項及び第七項において「見込額」という。）を予納しなければならない。

6　前項の規定により見込額を予納した者は、当該見込額が残りの行政文書について納付すべき開示実施手数料の額（次項において「要納付額」という。）に足りないときは、政令で定めるところにより、その不足額を納めなければならない。

7　第五項の規定により予納した見込額が要納付額を超える場合には、その超える額について、政令で定めるところにより、還付する。ただし、残りの行政文書についての開示決定に基づき行政文書の開示を受けることとなった者が第十四条第三項に規定する期間内に同条第二項の規定による申出をしない場合において、行政機関の長が当該期間を経過した日から三十日以内に当該申出をすべき旨を催告したにもかかわらず、正当な理由がなくこれに応じないときは、この限りでない。

8　開示請求をする者又は行政文書の開示を受ける者は、政令で定

2　前項の手数料の額を定めるに当たっては、できる限り利用しやすい額とするよう配慮しなければならない。

3　行政機関の長は、経済的困難その他特別の理由があると認めるときは、政令で定めるところにより、第一項の手数料を減額し、又は免除することができる。

めるところにより、それぞれ、開示請求手数料又は開示実施手数料のほか、送付に要する費用を納付して、第九条第一項若しくは第二項の規定による通知に係る書面又は行政文書の写しの送付を求めることができる。

第三章　不服申立て

（審査会への諮問）

第十八条　開示決定等について行政不服審査法（昭和三十七年法律第百六十号）による不服申立てがあったときは、当該不服申立てに対する裁決又は決定をすべき行政機関の長は、次の各号のいずれかに該当する場合を除き、情報公開・個人情報保護審査会（不服申立てに対する裁決又は決定をすべき行政機関の長が会計検査院の長である場合にあっては、別に法律で定める審査会）に諮問しなければならない。

一　不服申立てが不適法であり、却下するとき。

二　裁決又は決定で、不服申立てに係る開示決定等（開示請求に係る行政文書の全部を開示する旨の決定を除く。以下この号及び第二十条において同じ。）を取り消し、又は変更し、当該不服申立てに係る行政文書の全部を開示することとするとき。ただし、当該開示決定等について反対意見書が提出されているときを除く。

2　前項の規定により諮問をした行政機関の長は、当該諮問に係る不服申立てがあった日から当該諮問をした日までの期間（行政不服審査法第二十一条（同法第四十八条において準用する場合を含

第三章　不服申立て等

（審査会への諮問）

第十八条　（同上）

一　（同上）

二　裁決又は決定で、不服申立てに係る開示決定等（開示請求に係る行政文書の全部を開示する旨の決定を除く。以下この号及び第二十条において同じ。）を取り消し又は変更し、当該不服申立てに係る行政文書の全部を開示することとするとき。ただし、当該開示決定等について反対意見書が提出されているときを除く。

む。）の規定により補正を命じた場合にあっては、当該補正に要した期間は、算入しない。以下この項において「諮問までの期間」という。）が九十日を超えた場合には、第二十七条第一項の報告において、諮問までの期間及び諮問までの期間が九十日を超えた理由を記載しなければならない。

（諮問をした旨の通知）

第十九条　前条第一項の規定により諮問をした行政機関の長は、次に掲げる者に対し、諮問をした旨を通知しなければならない。

一～三　（略）

（内閣総理大臣の勧告）

第二十一条　第十八条第一項の規定により諮問をした行政機関（会計検査院を除く。次項及び第二十八条において同じ。）の長は、当該諮問に係る不服申立てに対する裁決又は決定をしようとするときは、当該不服申立てに係る行政文書の全部を開示することとするときを除き、あらかじめ、その内容を内閣総理大臣に通知しなければならない。

（諮問をした旨の通知）

第十九条　前条の規定により諮問をした行政機関の長は、次に掲げる者に対し、諮問をした旨を通知しなければならない。

一～三　（略）

（訴訟の移送の特例）

第二十一条　行政事件訴訟法（昭和三十七年法律第百三十九号）第十二条第四項の規定により同項に規定する特定管轄裁判所に開示決定等の取消しを求める訴訟又は開示決定等に係る不服申立てに対する裁決若しくは決定の取消しを求める訴訟（次項及び附則第二項において「情報公開訴訟」という。）が提起された場合においては、同法第十二条第五項の規定にかかわらず、他の裁判所に同一又は同種若しくは類似の行政文書に係る開示決定等又はこれに係る不服申立てに対する裁決若しくは決定に係る抗告訴訟（同法第三条第一項に規定する抗告訴訟をいう。次項において同じ。）が係属しているときは、当該特定管轄裁判所は、当事者の住所又は所在地、尋問を受けるべき証人の住所、争点又は証拠の共通性その他の事情を考慮して、相当と認めるときは、申立てにより又は職権で、訴訟の全部又は一部について、当該他の裁判所

2　内閣総理大臣は、前項の規定による通知に係る諮問に対する情報公開・個人情報保護審査会の答申の内容及び第七条の規定の趣旨に照らして必要があると認めるときは、当該行政機関の長に対し、当該答申の内容に沿った裁決又は決定、同条の規定による開示その他の必要な措置を講ずべき旨の勧告をし、当該勧告の結果とられた措置について報告を求めることができる。

第四章　訴訟

（管轄及び移送の特例）

第二十二条　開示決定等又はこれに係る不服申立てに対する裁決若しくは決定に係る抗告訴訟（行政事件訴訟法（昭和三十七年法律第百三十九号）第三条第一項に規定する抗告訴訟をいう。第三十条において同じ。）（以下「情報公開訴訟」という。）は、同法第十二条第一項から第四項までに定める裁判所のほか、原告の普通裁判籍の所在地を管轄する地方裁判所（次項において「特定地方裁判所」という。）にも、提起することができる。

2　前項の規定により特定地方裁判所に情報公開訴訟が提起された場合又は行政事件訴訟法第十二条第四項の規定により同項に規定する特定管轄裁判所に情報公開訴訟が提起された場合においては、同条第五項の規定にかかわらず、他の裁判所に同一又は同種若しくは類似の行政文書に係る情報公開訴訟が係属しているときは、当該特定地方裁判所又は当該特定管轄裁判所は、当事者の住

又は同法第十二条第一項から第三項までに定める裁判所に移送することができる。

2　前項の規定は、行政事件訴訟法第十二条第四項の規定により同項に規定する特定管轄裁判所に開示決定等又はこれに係る不服申立てに対する裁決若しくは決定に係る抗告訴訟で情報公開訴訟以外のものが提起された場合について準用する。

所又は所在地、尋問を受けるべき証人の住所、争点又は証拠の共通性その他の事情を考慮して、相当と認めるときは、申立てにより又は職権で、訴訟の全部又は一部について、当該他の裁判所又は同条第一項から第三項までに定める裁判所に移送することができる。

（釈明処分の特例）

第二十三条　情報公開訴訟においては、裁判所は、訴訟関係を明瞭にするため、必要があると認めるときは、当該情報公開訴訟に係る開示決定等をした行政機関の長に対し、当該情報公開訴訟に係る行政文書に記録されている情報の内容、第九条第三項の規定により記載しなければならないとされる事項その他の必要と認める事項を裁判所の指定する方法により分類又は整理した資料を作成し、及び提出するよう求める処分をすることができる。

（口頭弁論の期日外における行政文書の証拠調べ）

第二十四条　情報公開訴訟においては、裁判所は、事案の内容、審理の状況、前条に規定する資料の提出の有無、当該資料の記載内容その他の事情を考慮し、特に必要があると認めるときは、申立てにより、当事者の同意を得て、口頭弁論の期日外において、当事者を立ち会わせないで、当該情報公開訴訟に係る行政文書を目的とする文書（民事訴訟法（平成八年法律第百九号）第二百三十一条に規定する物件を含む。）の証拠調べ又は検証（以下この条において「弁論期日外証拠調べ」という。）をすることができる。

2　前項の申立てがあったときは、被告は、当該行政文書を裁判所に提出し、又は提示することにより、国の防衛若しくは外交上の利益又は公共の安全と秩序の維持に重大な支障を及ぼす場合その他の国の重大な利益を害する場合を除き、同項の同意を拒むことができないものとする。

3　裁判所が弁論期日外証拠調べをする旨の決定をしたときは、被告は、当該行政文書を裁判所に提出し、又は提示しなければならない。この場合においては、何人も、その提出され、又は提示された行政文書の開示を求めることができない。

4　第一項の規定にかかわらず、裁判所は、相当と認めるときは、弁論期日外証拠調べの円滑な実施に必要な行為をさせるため、被告を弁論期日外証拠調べに立ち会わせることができる。

5　裁判所は、弁論期日外証拠調べが終わった後、必要があると認めるときは、被告に当該行政文書を再度提示させることができる。

第五章　情報提供

第二十五条　行政機関の長は、政令で定めるところにより、当該行政機関の保有する次に掲げる情報であって政令で定めるものを記録した文書、図画又は電磁的記録を適時に、国民に分かりやすい形で、かつ、国民が利用しやすい方法により提供するものとする。

一　当該行政機関の組織及び業務に関する基礎的な情報

二　当該行政機関の所掌に係る制度に関する基礎的な情報

三　当該行政機関の所掌に係る経費及び収入の予算及び決算に関する情報

四　当該行政機関の組織及び業務並びに当該行政機関の所掌に係る制度についての評価並びに当該行政機関の所掌に係る経費及び収入の決算の検査に関する情報

五　当該行政機関の所管に係る次に掲げる法人に関する基礎的な情報

イ　独立行政法人（独立行政法人通則法第二条第一項に規定する独立行政法人をいう。）その他の特別の法律により設立された法人のうち、政令で定めるもの

ロ　当該行政機関の長が法律の規定に基づく試験、検査、検定、登録その他の行政上の事務について当該法律に基づきその全部又は一部を行わせる法人を指定した場合におけるその指定を受けた法人のうち、政令で定めるもの

ハ　イ又はロに掲げる法人に類するものとして政令で定める法人

2　行政機関の長は、同一の行政文書について二以上の者から開示請求があり、その全ての開示請求に対して当該行政文書の全部を開示する旨の決定をした場合であって、当該行政文書について更に他の者から開示請求があると見込まれるときは、当該行政文書を適時に、かつ、国民が利用しやすい方法により提供するよう努めるものとする。

3　前二項の規定によるもののほか、政府は、その保有する情報の公開の総合的な推進を図るため、行政機関の保有する情報の提供に関する施策の充実に努めるものとする。

第六章　補則

（開示請求をしようとする者に対する情報の提供等）

第二十六条　（略）

2　内閣総理大臣は、この法律の円滑な運用を確保するため、開示請求に関する総合的な案内所を整備するものとする。

（施行状況の報告等）

第二十七条　行政機関の長は、この法律の施行の状況について、毎年度、内閣総理大臣に報告しなければならない。

2　内閣総理大臣は、毎年度、前項の報告を取りまとめ、その概要（第十八条第二項に規定する九十日を超えた場合における報告については、諮問ごとに、同項の規定により記載しなければならな

第四章　（同上）

（開示請求をしようとする者に対する情報の提供等）

第二十二条　（略）

2　総務大臣は、この法律の円滑な運用を確保するため、開示請求に関する総合的な案内所を整備するものとする。

（施行の状況の公表）

第二十三条　総務大臣は、行政機関の長に対し、この法律の施行の状況について報告を求めることができる。

2　総務大臣は、毎年度、前項の報告を取りまとめ、その概要を公表するものとする。

（行政機関の保有する情報の提供に関する施策の充実）

第二十四条　政府は、その保有する情報の公開の総合的な推進を図るため、行政機関の保有する情報が適時に、かつ、適切な方法で国民に明らかにされるよう、行政機関の保有する情報の提供に関する施策の充実に努めるものとする。

いとされる事項）を公表しなければならない。

（内閣総理大臣の勧告）

第二十八条　内閣総理大臣は、この法律を実施するため特に必要があると認める場合には、行政機関の長に対し、情報の公開について改善すべき旨の勧告をし、当該勧告の結果とられた措置について報告を求めることができる。

（地方公共団体の情報公開）

第二十九条　地方公共団体は、この法律の趣旨にのっとり、情報公開条例（地方公共団体又は地方独立行政法人の保有する情報の公開を請求する住民等の権利について定める当該地方公共団体の条例をいう。次条において同じ。）の制定その他のその保有する情報の公開に関し必要な施策を策定し、及びこれを実施するよう努めなければならない。

（情報公開訴訟に関する規定の準用）

第三十条　第二十三条及び第二十四条の規定は、情報公開条例の規定による開示決定等に相当する処分又はこれに係る不服申立てに対する裁決若しくは決定に係る抗告訴訟の手続について準用する。

（政令への委任）

第三十一条　（略）

（地方公共団体の情報公開）

第二十五条　地方公共団体は、この法律の趣旨にのっとり、その保有する情報の公開に関し必要な施策を策定し、及びこれを実施するよう努めなければならない。

（政令への委任）

第二十六条　（略）

あとがきにかえて

本書は、「情報公開とともに四〇年」を振り返り、情報公開法改正と公文書管理制度の確立について、その論点を整理したものです。

冒頭の講演は、コロナ禍で無観客となった講演の記録を掲げました。レペタ事件、モリカケ桜（森友問題、加計問題、「桜を見る会」招待者名簿廃棄問題）の公文書管理、さらには最近の運用改善がなされた民事裁判記録保存の事例に照らし、憲法21条の表現の自由の構成要素である知る権利の展開と課題を軸として論じたものです。

二つ目の講演は、関西における情報公開の市民運動の草分け的存在である「知る権利ネットワーク関西」の創立三〇周年の記念講演を公表させていただきました。最近の公文書管理の問題事例から電子文書の保存管理までを展望するとともに、特に裁判所におけるインカメラ審理（非公開文書を裁判官が裁判官室で「インカメラ」検分して公開非公開の判断を行う審理手続）を採用するための情報公開法改正が求められていることを論じました。

公文書管理の問題事例に照らせば、現行の公文書管理法が適正に運用されることで当面の管理体制は改善されると考えていますが、広く地方公共団体においても公文書管理法と同等の公文書管理条例が制度化されることが喫緊の課題です。本書で再録した「公文書管理法の意義・課題と公文書管理条例への提言」は、香川県や相模原市の公文書管理条例の制定に影響を及ぼしたものであり、他の地方公共団体でも参考になると思われます。最近の日本弁護士連合会編『公文書管理―民主主義の確立に向けて』（明石書店、二〇一九年）や関東弁護士会連合会編『未来への記録―リスクを回避するための自治体の文書管理』（第一法規、二〇二〇年）も参考となります。中央政府では、行政文書の電子化に合わせ、マイナンバーカードの利活用等のためのデジタル庁の設置が構想されていますが、ここでは本来あるはずの電子データが無断で廃棄されたり、バックアップデータは行政文書でないとする悪しき先例を克服するべきという課題が残ります。

情報公開法改正については、既に二〇一一年四月に国会に提案されて、その後廃案となったものがありますが、本書で再録した「『情報公開制度の改正の方向性について』に関する論点整理（三訂版）」については、内閣府・行政透明化検討チームにおける法改正のための論点整理とこれに基づく改正法案で、情報公開法改正のための論点や手続について整理がなされています。この分野では、あとは政治的判断が残ります。非公開文書の公開非公開の最終判断を裁判所にゆだねたのですから、裁判所におけるインカメラ審理手続の採用は、与野党の別なく、日本の情報公開制度が周回遅れで他国に劣る点を克服するための課題です。この課題は、情報公開法の所轄を内閣府にするのでなく、総務省のままにしたとしても、必要不可欠です。

情報公開法改正のためには、三宅弘『原子力情報の公開と司法国家―情報公開法改正の課題と展望』（日本評論社、二〇一四年）と同『知る権利と情報公開の憲法政策論』（日本評論社、二〇二一年〔近刊〕）を参考にしていただければと存じます。

本書は、故笹山ナオミ情報公開奨励基金からの助成を受けました。

故人は、日本の市民運動が諸外国のそれと同様、固定経費を必要としない活動の拠点を持つために、遺産を使うように遺言しましたが、その意思を受け継いで、その拠点づくりのために寄付や遺贈を募っています（寄付や遺贈を伴う遺言書作成については、miyake@hap-law.com へご連絡ください）。

前著『弁護士としての来し方とこれから福井でしたいこと』と同様に、鳥居昭彦氏によるきめ細かな編集のお世話になりました。この場をお借りして、御礼申し上げます。

二〇二〇年十月

著者

三宅 弘（みやけ・ひろし）

1953 年　福井県小浜市生まれ
1972 年　福井県立若狭高等学校卒業
1978 年　東京大学法学部卒業
1983 年　弁護士登録（第二東京弁護士会）
1993 年　筑波大学修士課程経営・政策科学研究科修了・修士（法学）

情報公開法を求める市民運動事務局員（1982）、東京都における情報公開制度のあり方に関する懇談会委員（1997,1998）、情報公開クリアリングハウス理事（1999-2011）、内閣府・公文書等の適切な管理、保存及び利用に関する懇談会委員（2003-2006）、独立行政法人国立公文書館有識者会議委員（2003-2011）、総務省・情報公開法の制度運営に関する検討会委員（2004-2005）、日本弁護士連合会情報問題対策委員会委員長（2007-2010）、公益社団法人自由人権協会代表理事（2008-2015）、内閣府・行政透明化検討チーム座長代理（2010）、内閣府・公文書管理委員会委員・特定歴史公文書等不服審査分科会会長（2010-2018）を務める。

2016 年　第二東京弁護士会会長・日本弁護士連合会副会長
2018 年　関東弁護士会連合会理事長
2020 年　京都大学大学院法学研究科法政理論専攻博士後期課程研究指導認定退学・博士（法学）

現在　弁護士（原後綜合法律事務所）
獨協大学 特任教授（2004 ～）
日本弁護士連合会秘密保護法・共謀罪法対策本部本部長代行

著書に『原子力情報の公開と司法国家』（日本評論社 2014）、『監視社会と公文書管理』（花伝社 2018）、共著に『東大闘争と原発事故』（緑風出版 2014）、『BPO と放送の自由』（日本評論社 2016）などがある。

■ 装画：今村由男
■ 装丁：シングルカット社デザイン室
■ 構成：堀尾大悟

「情報公開法改正」「公文書管理」の論点整理ハンドブック

発行日　2020 年 11 月 22 日
著者　三宅 弘
発行者　鳥居昭彦
発行所　株式会社シングルカット
東京都北区志茂 1-27-20　〒 115-0042
Phone: 03-5249-4300　Facsimile: 03-5249-4301
e-mail: info@singlecut.co.jp
印刷・製本　シナノ書籍印刷株式会社

 ISBN978-4-938737-69-6